世界を救うパンの缶詰

文・菅　聖子
絵・やましたこうへい

ほるぷ出版

もくじ

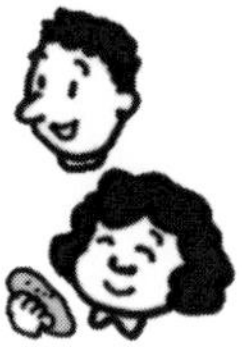

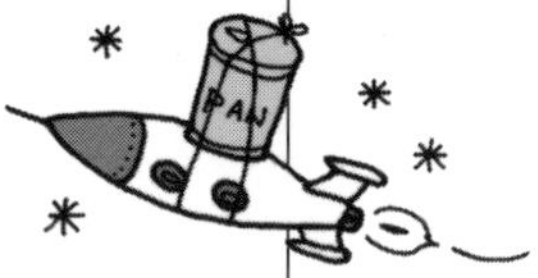

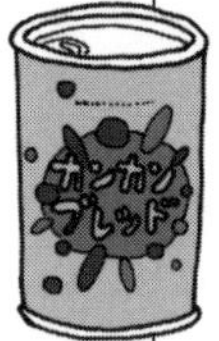

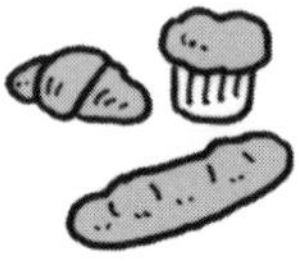

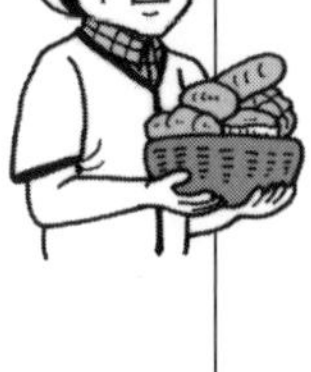

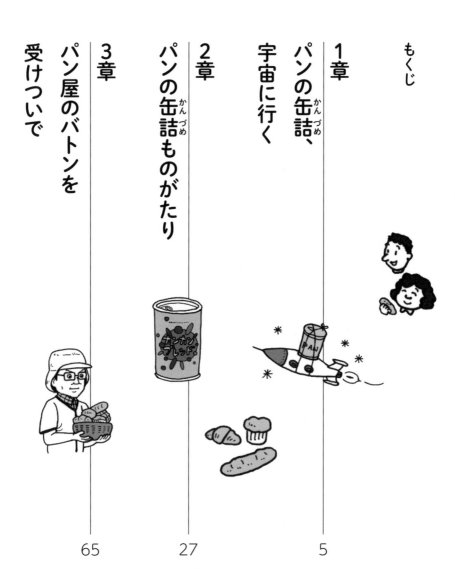

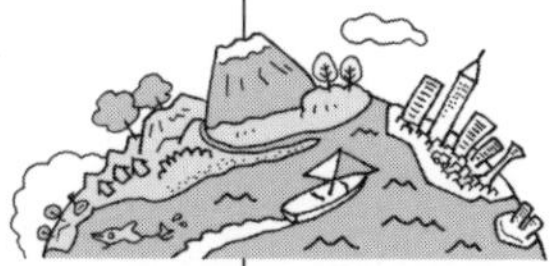

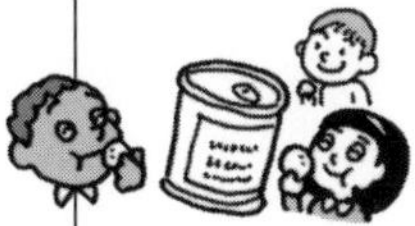

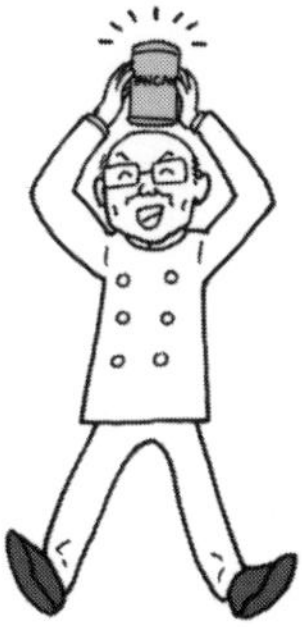

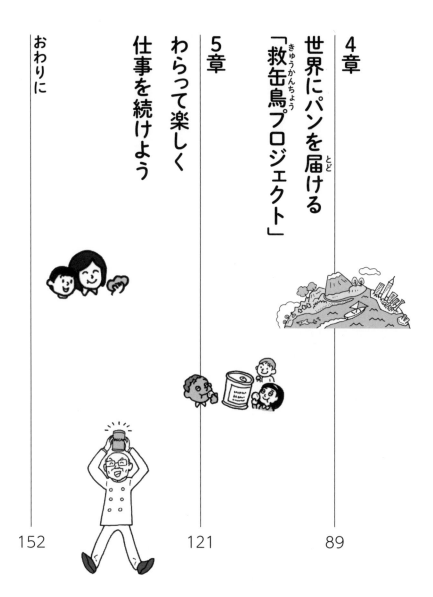

1章
パンの缶詰《かんづめ》、宇宙に行く

世界に届《とど》けられる、缶詰《かんづめ》入りのふわふわパン

わたしの目の前にあるのは、なんのヘンテツもない縦長《たてなが》の缶詰《かんづめ》。手に取ったら、意外なほど軽く持ち上がります。

同じサイズの桃《もも》やトマトの缶詰《かんづめ》なら四百グラムはあるのに、これはたったの百グラム。四分の一の重さです。持ち上げてながめていると、メガネをかけた男性《だんせい》がニコニコしながらやってきました。

「これがパンの缶詰《かんづめ》ですよ」

うわさには聞いていましたが、実物を前にすると不思議な感じです。

缶詰《かんづめ》と聞いてわたしが思いうかぶのは、ツナ缶《かん》、カニ缶《かん》、トマト缶《かん》、フルーツ缶《かん》など、ずっしり重たいものばかり。変わったところでは、カレーとか焼

き鳥とかスープの缶詰《かんづめ》もあるけれど、パンの缶詰《かんづめ》は一度も食べたことがありません。

缶詰《かんづめ》の中には、どんなパンが入っているんだろう。まるいパンがごろごろ入っているのかな。開けたらムクムクふくらんできたりして……?!

想像《そうぞう》しながらプルトップを引き上げます。

パッカン。

パンはうすい紙に包まれて、缶《かん》の中にすきまなくふくらんでいました。焼きたてみたいないいかおり。紙ごとぎゅっと持ち上げて包みを開くと、缶《かん》の形そのままの円柱形のパンがあらわれます。ちぎるとしっとりしていて、口に入れるとふんわり甘《あま》いお菓子《かし》みたい。今朝焼いたと言われても、なっとくしてしまいそうなほどふわふわです。

「わ、おいしい！」

ぱくぱく食べていると、またメガネの男性《だんせい》が言いました。

「このパン、二年前に作ったんですよ」

「えっ！」

缶詰《かんづめ》なので保存《ほぞん》できるに決まっていますが、二年前といわれると、やっぱりおどろきます。ふつうのパンは一週間もすればカビが生えたり、乾燥《かんそう》してかたくなったりするのがあたりまえです。それなのに、こんなにやわらかくふわふわのままで、二年も保存《ほぞん》できるなんて！

先ほどから、ニコニコ説明をしてくださっている男性《だんせい》こそ、このパンの缶《かん》詰《づめ》を思いつき、研究し、発明した張本人《ちょうほんにん》。栃木県那須塩原市《とちぎけんなすしおばらし》にある「パン・アキモト」の社長で、パン職人《しょくにん》の秋元義彦《あきもとよしひこ》さん（六十四歳《さい》）です。

パンの缶詰《かんづめ》は、東日本大震災《ひがしにほんだいしんさい》や熊本地震《くまもとじしん》の被災地《ひさいち》で役立ってきましたが、活躍《かつやく》の場は日本だけではありません。世界中の災害現場《さいがいげんば》や、飢餓《きが》に苦しむ地域《ちいき》にも届《とど》けられ、多くの人のおなかを満たしているのです。

見た目はふつうの缶詰《かんづめ》ですが、やっぱりふつうじゃありません。

秋元さんがどうやってパンの缶詰《かんづめ》を作り、多くの人に届《とど》けられるようになったのか。この本では、その秘密《ひみつ》を探《さぐ》っていくことにしました。

NASU（那須《なす》）からNASA《ナサ》へ

パンの缶詰《かんづめ》が広く知られるようになったのは、二〇〇四年に起きた新潟県《にいがたけん》中越地震《ちゅうえつじしん》でした。支援《しえん》のために届《とど》けたパンの缶詰《かんづめ》を、被災《ひさい》した人たちが食べている様子がテレビで映《うつ》し出されたため、大きな注目をあびたのです。

その後、宇宙飛行士《うちゅうひこうし》の若田光一《わかたこういち》さんが、宇宙食《うちゅうしょく》としてスペースシャトル「ディスカバリー号」に乗せて、宇宙《うちゅう》へと持って行ったことで、さらに多くの人に知られることになりました。

宇宙《うちゅう》ステーションからの若田《わかた》さんの映像《えいぞう》を、見たことがある人もいるかもしれません。若田《わかた》さんは二〇〇九年に宇宙《うちゅう》に長期滞在《たいざい》したとき、毎日のようにNASA《ナサ》（アメリカ航空宇宙局《こうくううちゅうきょく》）へ映像《えいぞう》ニュースを送っていました。

ある日、宇宙《うちゅう》ステーションの小さな船内で、ほかの乗組員といっしょに食事をする若田《わかた》さんが映《うつ》し出されました。そのとき手に持っている袋《ふくろ》の中から、さりげなく取り出したのがパンの缶詰《かんづめ》でした。重力のない船内に、缶詰《かんづめ》がふわりとうかびます。

「これはカンブレッド(缶《かん》入りのパン)だよ。宇宙《うちゅう》ステーションのパンなんだ」

若田《わかた》さんはわらいながらキャッチしました。

たまたまその映像《えいぞう》を見ていた秋元さんは、おどろきました。自分の作ったパンの缶詰《かんづめ》が、はるか宇宙《うちゅう》まで届《とど》いて、こうして映像《えいぞう》で見ることができるなんて！

若田《わかた》さんとはその数年前に出会い、若田《わかた》さんが日本に帰国したときにも会う機会がありました。秋元さんがわたしたパンの缶詰《かんづめ》を「おもしろいし、おいしいですね」と気に入ってくれていましたが、地球と環境《かんきょう》のちがう宇宙《うちゅう》に持って行くにはいくつもの条件《じょうけん》がありました。

・絶対《ぜったい》に食中毒にならない安全なものであること
・においが強くないこと
・常温《じょうおん》で長期保存《ほぞん》ができ、なるべく軽いこと
・栄養があること
・宇宙船《うちゅうせん》の中で飛び散らないこと

これらをすべてクリアして、NASA《ナサ》の難《むずか》しい許可《きょか》も取りつけ、ようやくスペースシャトルに乗せることができるのです。パンの缶詰《かんづめ》は公式の宇宙食《うちゅうしょく》ではありませんが、このとき若田《わかた》さんの個人的《こじんてき》な荷物の中に五缶《かん》ほど積みこまれました。

「持って行ってもらえるのはありがたいけれど、宇宙《うちゅう》に行った証明《しょうめい》はだれがしてくれるのだろう?」

じつは秋元さん、そのような心配をしていました。スペースシャトルに乗ったからといって、NASA《ナサ》の証明書《しょうめいしょ》が出るわけではないからです。だから、宇宙《うちゅう》からの映像《えいぞう》を見たときには、思わず飛び上がってよろこびました。

「その後、宇宙《うちゅう》からもどって、日本に帰国した若田《わかた》さんとお会いしたときに、『ほかの宇宙《うちゅう》飛行士と取りあいになるくらい、パンの缶詰《かんづめ》は人気でした』と言ってもらえたんですよ。いやあ、うれしかったですね」と、秋元さんはふり返ります。

宇宙食《うちゅうしょく》としてよく知られているのは、

日本人宇宙《うちゅう》飛行士の
若田光一《わかたこういち》さん

© CNP/時事通信フォト

フリーズドライ製法《せいほう》の食品です。食べものを凍《こお》らせて真空の部屋で乾燥《かんそう》させたもの。長年改良が重ねられているので、ハンバーグも、グラタンも、たこやきも、フリーズドライで食べられます。今ではアイスクリームだってフリーズドライになっていて宇宙《うちゅう》ステーションに持ちこめるとか。でもこれは、ほんもののアイスではなく、アイスクリーム味の冷たくないお菓子《かし》です。

フリーズドライの食品にくらべると、パンの缶詰《かんづめ》は地球にいるときと変わらない状態《じょうたい》でおいしく食べられるので、宇宙《うちゅう》飛行士のみんなによろこばれたのでしょう。

日本のNASU（那須《なす》）からアメリカのNASA《ナサ》へとつながって、宇宙《うちゅう》まで飛んでいったパンの缶詰《かんづめ》。

それでは、この缶詰《かんづめ》ができる工程《こうてい》を見せてもらいましょう。

パンの缶詰《かんづめ》工場に潜入《せんにゅう》！

パン工場に入るには、まず服装《ふくそう》を整えます。研究者のような白衣を着て、白い帽子《ぼうし》をすっぽりかぶり、マスクをかけて工場の中へ。

入るとすぐ、パンが焼ける甘《あま》いかおりがただよってきました。中では五人の職人《しょくにん》さんが、きびきびと働いています。

案内してくださるのは、副工場長の遠藤雅之《えんどうまさゆき》さん。この仕事について六年目という二十代の責任者《せきにんしゃ》です。

「いつも午前二時に起きて二時半に出社。三時から仕事を始めるんですよ。だいたいお昼の十二時すぎくらいに仕事が終わります」という遠藤《えんどう》さん。びっくりするほどの早起きです。朝というよりは真夜中に起きるのですね。

ちなみに、寝《ね》る時間は午後九時ごろだそう。「睡眠《すいみん》時間が足りないのでは?」と聞くと、「お昼寝《ひるね》するから大丈夫《だいじょうぶ》です!」という答えが返ってきました。

この工場では、近くの観光施設《しせつ》などで販売《はんばい》するふつうのパンと、パンの缶《かん》詰《づめ》の両方を作っています。その日の最初に作るのは、ふつうのパン。朝七時半には車で各店に配送するので、職人《しょくにん》さんたちが仕事を始める時間も早いのです。

それらのパンがひと通りできあがると、缶詰《かんづめ》の製造《せいぞう》に移《うつ》ります。今日は千二百缶《かん》ほど焼く予定です。順を追って、工程《こうてい》を見ていきました。

①材料を配合し、こねて生地《きじ》を作る

小麦粉やイーストなどの材料をはかって、大型ミキサーの中に入れてこね、2時間ほど寝《ね》かせる。

発酵《はっこう》してふくらんだら、砂糖《さとう》やマーガリンなどを追加して、もう一度こねる。

これで缶詰《かんづめ》パンのもとになる「パン生地《きじ》」ができあがる。

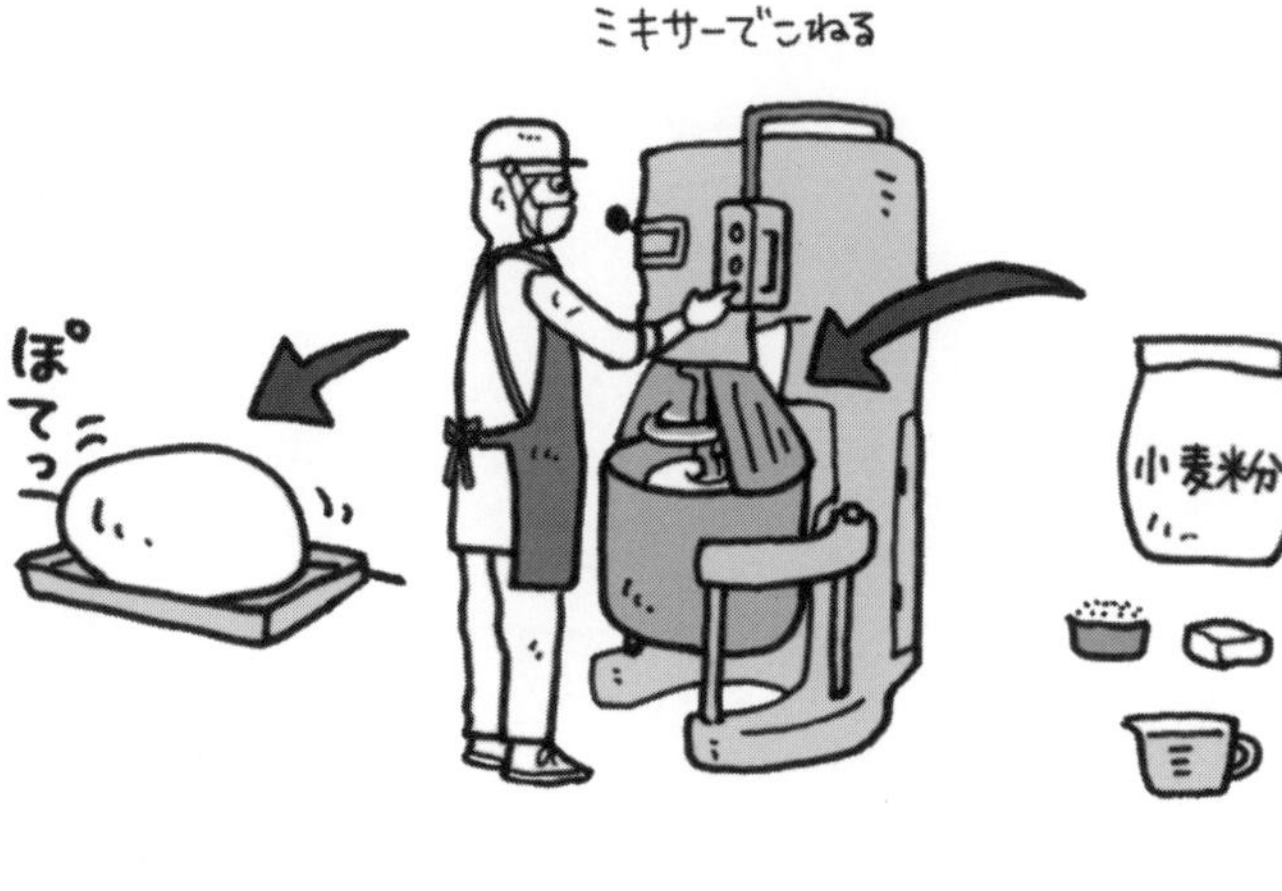

②パンの味つけ

シート状《じょう》になっているペースト（ジャム）を、
生地《きじ》に折りこむことで、味をつける。
生地《きじ》にペーストをのせて
機械に通すと、生地《きじ》が
折りたたまれてのばされる。
機械に何度か通すことで、
ペーストが層《そう》になって
全体に味がついていく。

＊パンの缶詰《かんづめ》には、オレンジ味、
ストロベリー味、ブルーベリー味など、
たくさんのバリエーションがある。

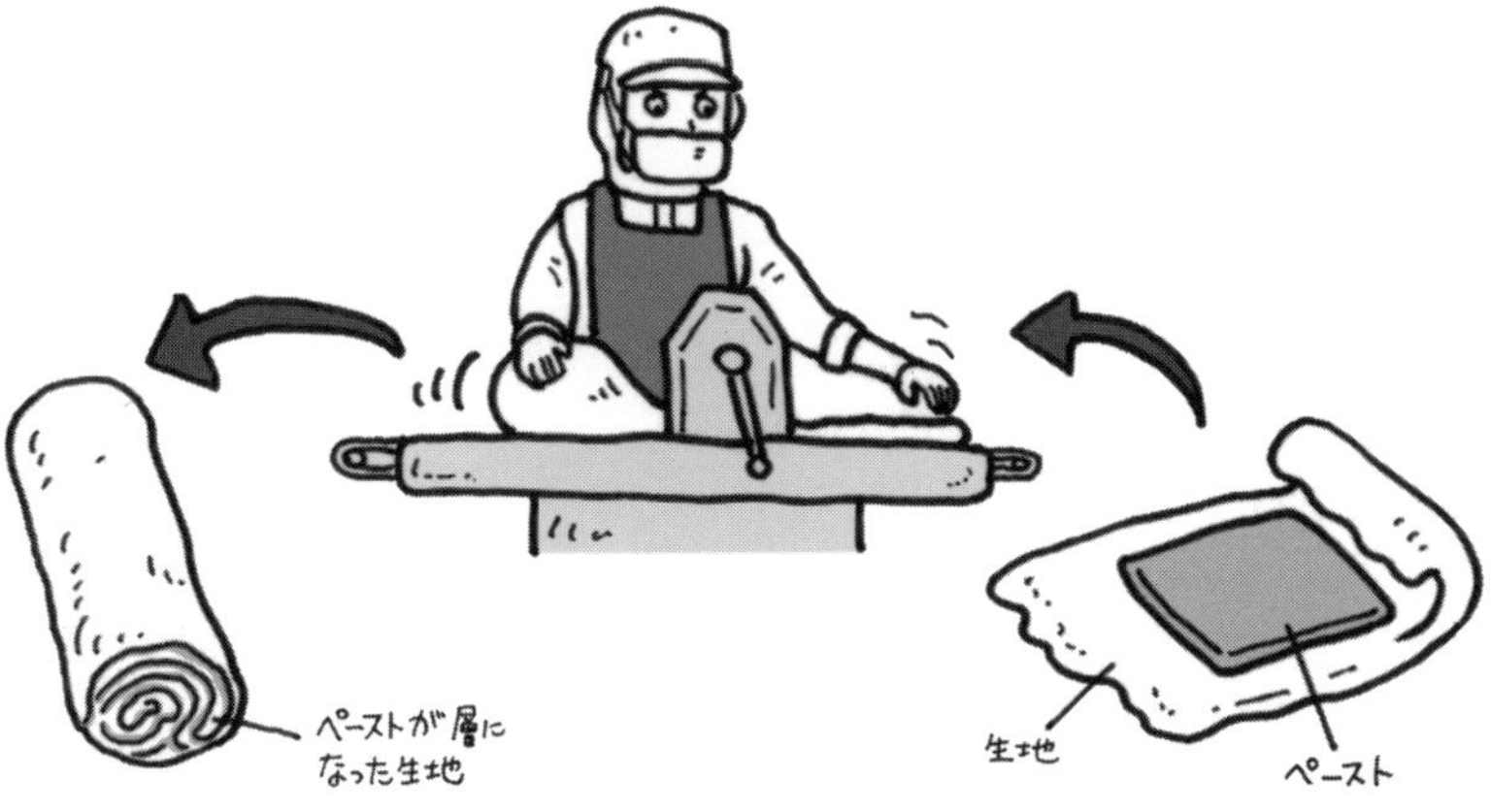

③ 切って、缶《かん》の中へ

味つけした生地《きじ》を、
機械で自動的に
一缶《かん》分ずつの重さに切りわける。

その後、職人《しょくにん》が
もう一度はかりにのせ、
人の目と手で重さをチェック。
カットした生地《きじ》を手でまるめ、
紙をしいた缶《かん》の中に入れる。

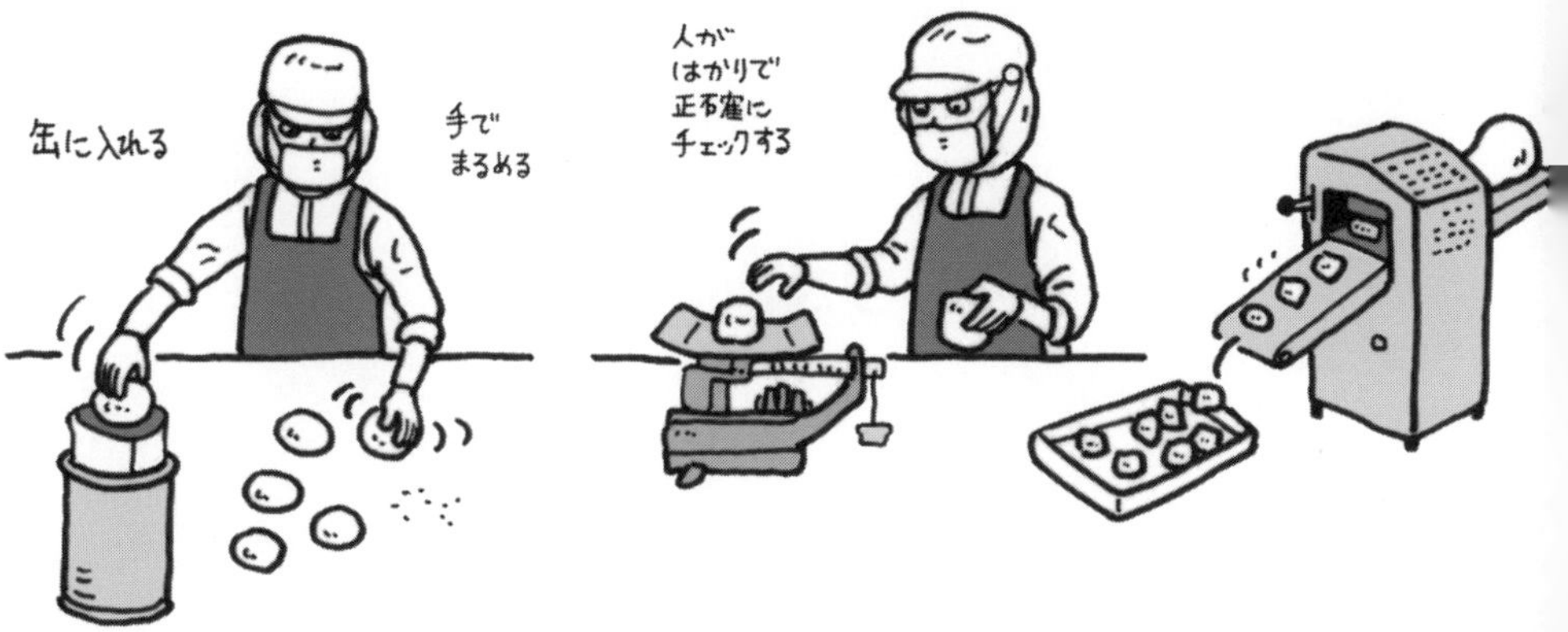

④ 発酵室《はっこうしつ》で発酵《はっこう》させる

生地《きじ》の入った缶《かん》を天板にのせ、
棚《たな》にならべて発酵室《はっこうしつ》に運ぶ。
パン生地《きじ》が二倍くらいに
ふくらむまで発酵《はっこう》させる。

⑤ オーブンで焼く

缶《かん》をのせた天板を
オーブンに入れ、
時間をかけて焼いていく。

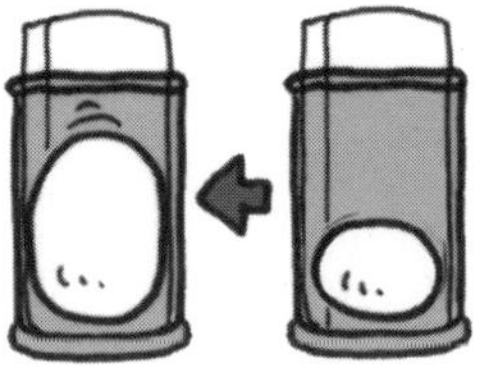

＊季節によって温度と
時間は少しずつ変わるが、
この日は37℃で30～40分。
職人《しょくにん》さんの経験《けいけん》とカンで
調整する。

一枚《まい》の天板にのせる数は、15缶《かん》ずつ。ゆったりすきまをあけてならべる。

こうすることで熱の通り道ができ、まんべんなく焼ける。

パンのできあがる様子を見ていた秋元さんの妻《つま》の志津子《しづこ》さんは、③の工程《こうてい》のところで、

「手でまるめるひと手間で、味がぜんぜんちがうんですよ」と言いました。

カットした生地《きじ》をそのまま缶《かん》に入れたのでは、なぜかおいしくないのだそうです。機械が作ったコンビニのおにぎりより、手作りおにぎりのほうがおいしいように、パンも手をかけるとおいしくなるのですね。

このパン工場では、機械を使って仕事を効率的《こうりつてき》に行っていますが、大事なところでは手をぬきません。

オーブンに入れてから約三十分後、缶《かん》の中でこんがりきつね色にパンが焼き上がっていました。

「できたてはここでしか食べられないので、どうぞ味わってみてください」

遠藤《えんどう》さんに言われて、アツアツをちぎっていただきます。缶詰《かんづめ》のパンは冷めてしっとりしていましたが、焼きたてはふんわりこうばしい。自信を持って言えるのは、焼きたても缶詰《かんづめ》も、どちらもおいしいってことです！

⑥ 紙で包み、熱を冷ます

天板の上で軽くパンを冷ましたあと、
紙をたたんでパン全体を包み、
完全に冷めるのを待つ。

⑦缶《かん》にふたをし、異物混入《いぶつこんにゅう》チェック

熱が冷めたら、缶詰《かんづめ》の機械が
置かれたとなりの部屋に運び、
脱酸素剤《だつさんそざい》を入れてふたをする。
異物《いぶつ》がまざっていないか
X線検査《エックスせんけんさ》をする。
何も問題がなければ、
缶《かん》の底に賞味期限《きげん》を
インクジェットプリンターで
印字する。

⑧ラベルをはる

缶詰《かんづめ》の側面にラベルをはる。
パンの缶詰《かんづめ》の完成!!

「最後のラベルはりは、女性《じょせい》のお化粧《けしょう》と同じ。缶《かん》の数が多いときには機械で行いますが、ここは最後なので、できるだけていねいに手作業で仕上げます」
と秋元さん。

店頭販売用《はんばいよう》のラベルもあれば、特別なラベルを作るときもあります。たとえば結婚式《けっこんしき》の引き出物の注文には、新郎新婦《しんろうしんぷ》の名前や写真を入れることもできるし、若田《わかた》さんや、そのあとに山崎直子《やまざきなおこ》さんが宇宙《うちゅう》に持っていった缶詰《かんづめ》は、スペースシャトルの写真入りの特別なラベルでした。

できあがった缶詰《かんづめ》は、箱につめて出荷の準備《じゅんび》を整えます。遠藤《えんどう》さんは言います。

「缶詰《かんづめ》作りは工程《こうてい》がとてもこまかいし、機械もたくさん使うので気を使います。でも、ふつうのパン作りにはないおもしろさがありますね」

たくさんの手間のかかる工程《こうてい》を通ってできあがったパンの缶詰《かんづめ》は、ここから日本の各地に送り出されていきます。

2章

パンの缶《かん》詰《づめ》ものがたり

きっかけは阪神《はんしん》・淡路大震災《あわじだいしんさい》

パンの缶詰《かんづめ》が生まれたきっかけは、一九九五年一月十七日に起きた阪神《はんしん》・淡路大震災《あわじだいしんさい》でした。

二十年以上前の災害《さいがい》なので、みなさんはくわしく知らないかもしれませんね。この日の早朝、兵庫県淡路島《あわじしま》を震源《しんげん》としたマグニチュード7・3の大地《だいじ》震《しん》が起き、神戸市を中心に大きな被害《ひがい》が広がったのです。地震《じしん》で亡《な》くなった人は六千人以上にのぼりました。

秋元さんは、仕事場でニュースを見て大きなショックを受けました。無残にたおれた住宅《じゅうたく》や、くだけ散ったビルのガラス窓《まど》、折れてしまった高速道路……。あちらこちらで火の手が上がり、ひどい状況《じょうきょう》がテレビに映《うつ》し出されていました。

当時、元気だった秋元さんのお父さんの健二《けんじ》さんは、神戸の友だちに連絡《れんらく》しましたが、何度電話をかけてもつながりません。

不安な気持ちになる中で、秋元さん親子は考えました。

「自分たちにできることは何だろう」

寄付金《きふきん》を送ることや、お手伝いのボランティアにかけつけることも大切でしょう。でも今は、食べることにも困《こま》っている人がいるはずです。自分たちにまずできるのは、パンを焼いて現地《げんち》に送ること。そう考えた秋元さんたちは、すぐに会社のトラックいっぱい、二千個《こ》の焼きたてパンを用意しました。

震災《しんさい》直後は、一般《いっぱん》の車が現地《げんち》に入ることはできなくなります。おおぜいの人がおしかけると、よけいな混乱《こんらん》が起きてしまうからです。

秋元さん親子はクリスチャンなので、関西地区のキリスト教会の人たちと連絡《れんらく》を取り合っていました。京都の牧師《ぼくし》さんが神戸の牧師《ぼくし》さんとつながっ

て、現地《げんち》に物資《ぶっし》を運んでいることがわかり、すぐに災害《さいがい》用緊急車輌《きんきゅうしゃりょう》の許可《きょか》をもらって、神戸にパンを運べることになりました。

食パン、バターロール、牛乳《ぎゅうにゅう》パン……。たくさんのパンを積み、すきまに毛布《もうふ》もつめこんで、震災《しんさい》二日後、パン屋のある栃木県《とちぎけん》の那《な》須塩原《すしおばら》からトラックが出発しました。那須塩原《なすしおばら》から宇都宮《うつのみや》までは秋元さんが運転し、その後は牧師《ぼくし》さんたちにリレー方式で運転をまかせて、持って行ってもらいました。直接《ちょくせつ》秋元さんが神戸に行くことはできませんでしたが、パンが無事に届《とど》いたという知らせがあってホッとしました。

ところがその数日後、現地《げんち》の人から連絡《れんらく》が入ります。

「秋元さん、おいしいパンをありがとう。でも半分以上のパンが食べられなくて、捨《す》てられてしまったんだ。本当に申し訳《わけ》ない」

言いにくそうに、その人は語りました。パンの一部は被災《ひさい》した人に手わたされましたが、困《こま》っている人に配るために取っておいたら、あっというまに三～四日がすぎ、パンがいたんでしまったというのです。

実際《じっさい》、神戸では死者やケガ人が多く出て、電気やガスも止まり、混乱《こんらん》した状態《じょうたい》が続いていました。やらなければならないことが多すぎて、わすれられてしまったのかもしれません。悲しいけれど、仕方のないことでした。

保存《ほぞん》できるやわらかいパンがほしい

自分の作ったパンが捨《す》てられることほど、パン職人《しょくにん》としてがっかりすることはありませんでした。「被災《ひさい》して、満足に食べものもない人たちに、おいしいパンを食べてほしい」と、必死の思いで届《とど》けたからこそ、秋元さんにはくやしさが残りました。

それからしばらくして、被災地《ひさいち》からこんな電話がかかってきました。

「乾《かん》パンのように保存性《ほぞんせい》があって、秋元さんに送ってもらったようなやわらかいパンはありませんか」

乾《かん》パンというのは、名前はパンでもふつうのパンとはまったくちがいます。固く焼きしめられ乾燥《かんそう》した、ぶあつくてコロコロしたクラッカーのようなもの。むかしながらの非常食《ひじょうしょく》で、災害《さいがい》以外にも登山や戦争のときなどに食糧《しょくりょう》として使われてきました。

食べてみるとわかりますが、乾《かん》パンは固すぎてかじるのに力が必要です。歯の悪いお年寄《としよ》りや小さな子どもはとても食べにくいものでした。食べる人のことを考えるよりも、保存《ほぞん》がきいて軽くて持ち運びしやすいことが優先《ゆうせん》されているのです。そして当時は非常食《ひじょうしょく》といえば、乾《かん》パンは一番に名前があがるものでした。

「やわらかくて保存《ほぞん》のきくパン……ないですねえ」

被災地《ひさいち》からの電話に秋元さんが言うと、思いがけない答えが返ってきました。

「なければ、あなたが作ってよ」

「ええっ！　そんなの無理ですよ」

ことわりましたが、相手もかんたんにはあきらめません。電話のむこうから聞こえてきたのは、つぎのような話でした。

「日本人の食生活はとても豊《ゆた》かにぜいたくになっているのに、どうして非常食《ひじょうしょく》だけが変わらないのでしょう。震災《しんさい》が起きると、ほんの一分前までふつうの生活をしていた人たちが、食べるのにも困《こま》るようになってしまうんです。そのとき乾《かん》パンしかなかったら、とても悲しい。ストレスになると思いませんか」

大震災《だいしんさい》を経験《けいけん》した人の、実感のこもった話を聞くうちに、秋元さんの気持ちも変化していきました。

「おいしくて、やわらかくて、保存《ほぞん》のできるパン作り。これは、パン屋としてのぼくのミッションかもしれない」

ミッションとは、「自分の使命、はたすべき仕事」という意味です。人生をかけてはたすべき仕事に、このとき秋元さんは出合ったのでした。

実験と失敗をくりかえして

「おいしくて、やわらかくて、長期保存《ほぞん》ができるパン」作りのチャレンジが始まりました。

チャレンジと言っても当時、秋元さんがお父さんといっしょに経営《けいえい》していたのは、秋元パン店という町の小さなパン屋でした。研究室があるわけでもないし、開発員がいるわけでもありません。秋元さんは、パン職人《しょくにん》の責任者《せきにんしゃ》である工場長と二人で、その日の作業を終えると工場のかたすみで実験をくりかえしました。

最初に考えたのは、パンの真空パックでした。食品は空気にふれると、空気中の酸素《さんそ》によって酸化《さんか》して、おいしくなくなったり、菌《きん》がふえてカビたりします。真空パックにすると、酸化《さんか》をふせいで保存《ほぞん》がきくのです。

「焼き上がったパンをビニール袋《ぶくろ》に入れ、空気をぬいてみよう！」

すると、せっかくふわふわに焼けていたパンがペチャンコになってしまいました。再《ふたた》び袋《ふくろ》を開けても、つぶれたパンは元にもどりません。

「あーあ、これはダメだ」

いいアイデアだと思ったのに、がっかりです。

しめきりは決まっていない仕事なので、失敗すると、実験は止まりました。

しかし、気をぬいているときに限《かぎ》って、神戸からさいそくの電話がかかってきます。

「どう、パンの研究は進んでいますか？」

電話がかかってくるたびに、秋元さんは自分のミッションを思い出し、しぼんでいた心をふるい立たせるのでした。

あるとき秋元さんは、近所の農産物加工場で、農家の人たちがタケノコの水煮缶《みずにかん》を作っているところに出くわしました。
タケノコがたくさんとれたからと、
自家用の缶詰《かんづめ》を作っていたのです。
そのとき秋元さんは、ピピッと
ひらめきました。
「缶詰《かんづめ》は、むかしながらの保存食《ほぞんしょく》だ！
パンも缶詰《かんづめ》にならないだろうか」
パンの缶詰《かんづめ》なんて、見たことも
聞いたこともありません。でも、
やってみなければできるかできないか
わからないと思いました。さっそく秋元さんは、
缶詰《かんづめ》の機械をかりてきて、パン工場で新たな実験を始めました。
まずは、焼きたてのパンを缶《かん》に入れ、ふたをしました。一週間ほどたって

から開けてみると……、パンは無残なことにカビだらけになっていました。

「パンはおいしい食べもの。カビにとってもおいしいので、雑菌《ざっきん》が一つでも入ればカビるんです。菌《きん》を入れないためには、缶《かん》も殺菌《さっきん》しなければいけないことに気づきました」

殺菌《さっきん》には、いくつかの方法があります。熱殺菌《ねつさっきん》、アルコール殺菌《さっきん》、紫外線《しがいせん》殺菌《さっきん》などなど。ふつうの缶詰《かんづめ》は、缶《かん》につめ終わったあと、レトルト殺菌《さっきん》といって百度以上の熱《ねつ》で殺菌《さっきん》をしてからできあがります。

焼いたパンを缶詰《かんづめ》に入れ、もう一度缶《かん》ごと熱をかけることも考えましたが、パンは二度の熱を加えると、味が格段《かくだん》に落ちていくことを秋元さんは知っていました。

「パンは冷めてもおいしいし、それをもう一度トーストしてもおいしいんです。でも、そのあとはどんどん味が落ちる。トーストしたパンはすぐ食べればおいしいけれど、冷めるとおいしくないでしょ。パン屋ならだれでも知っていることですが、二回焼いて時間がたったものはダメなんです」

缶《かん》もパンも一度に熱殺菌《ねつさっきん》したいと考えていたとき、秋元さんはまたひらめきました。

「そうだ、缶《かん》の中にパン生地《きじ》を入れて、焼きながらいっしょに殺菌《さっきん》してみよう」

それまでの実験では焼き上がったパンを缶《かん》に入れていましたが、焼く前のパン生地《きじ》を缶《かん》に直接《ちょくせつ》入れてオーブンでそのまま焼くことにしました。さて、どうなるでしょう。

時間がたってオーブンを開けると、パンは缶《かん》の中できれいに焼き上がっていました。

「やった！　これなら大丈夫《だいじょうぶ》」と思いましたが、いざ缶《かん》からパンを取り出そうとすると、こんどはパンが缶《かん》にくっついて取り出せないのです。

「つぎは缶《かん》とパンがくっつかないよう、缶《かん》の中にベーキングシートを入れよ

う と考えました。そうすれば、問題は解決《かいけつ》するはず！」

ベーキングシートは、ケーキなどを焼くときに型にしくオーブン用のシートです。これを使えば、パンと缶《かん》がくっつくことをふせげます。ようやくすべてが解決《かいけつ》したかのように思えましたが、こんどはパンが冷めたあとに出た水分が底の方にたまって、パンがふやけてしまいました。

和室の障子紙《しょうじがみ》をヒントに

ベーキングシートで失敗したあとにも、いろいろな紙でチャレンジしてみましたが、なかなかうまくいきません。焼き上がってから温度が下がると、どうしても水分が出て紙が蒸《む》れてしまうのです。

これは、冬になると窓《まど》にたくさんの水滴《すいてき》がつく「結露《けつろ》」と同じ現象《げんしょう》です。

結露《けつろ》は、室内が暖《あたた》かくて外がとても寒い、気温差が大きいときに起こります。温かい空気は冷たい空気よりもたくさんの水蒸気《すいじょうき》をふくむことができるので、空気が冷えるとあまった水蒸気《すいじょうき》が水滴《すいてき》に変わります。冷たいジュースを入れたコップに水滴《すいてき》がつくのも結露《けつろ》です。

パンが冷めると、これと同じことが缶《かん》の中で起こり、水分が出てきてパンがふやけてしまうのです。秋元さんがどうにかいい方法はないか考えていたとき、建築《けんちく》の仕事をしている友だちからこんな話を聞きました。

「日本の家の中で、和室だけは湿度《しつど》調整が自動的にできるんだよ。なぜかというと、障子紙《しょうじがみ》が空気中の湿度《しつど》を調整しているからなんだ」

障子紙《しょうじがみ》は、和紙です。和紙の性質《せいしつ》を利用すれば、水分をまんべんなく吸《す》ってくれて、しっとりしたパンができるかもしれません。ところが、調べてみると和紙は水に弱いことがわかりました。湿気《しっけ》（水蒸気《すいじょうき》）をふくむことはできても、直接《ちょくせつ》水にぬれると破《やぶ》けてしまうのです。

いくつもの和紙メーカーに問い合わせて、「水と熱に強い和紙はありませんか」と聞いてみましたが、「そんなものはない」と言われてしまいました。

「ないのなら、新しい和紙を作ってくださいませんか」

「作ったとして、どれくらい売れるの？」

「まだ実験段階《だんかい》なので、わかりません」

「商売になるかわからないものを作るなんて、無理だよ」

結局、どこの会社からもことわられてしまいました。それでも秋元さんはあきらめきれず、パンの缶詰《かんづめ》に使える紙をさがし回ります。日本だけでなく、商社につとめている知り合いにたのんで、世界中で「和紙のような性質《せいしつ》を持った、水と熱に強い紙」をさがしてもらいました。

あきらめずにさがし続けていたら、よい紙が見つかりました。それが、現《げん》在《ざい》のパンの缶詰《かんづめ》に使われている紙です。

手にとってさわると、うすくてシャリシャリして、トレーシングペーパーのよう。見た感じはとてもうすいので、水分を吸《す》うようには見えませんが、きり吹《ふ》きで水をかけてみると、スッと水がしみこんで、あっというまに紙がしわしわになります。

どこの国の紙かは企業秘密《きぎょうひみつ》だそうですが、外国製《がいこくせい》です。しっとりふわふわのパンの缶詰《かんづめ》ができたのは、この紙に出合えたおかげです。秋元さんは、人にこの話をするとき「『神』と『紙』の出合いだよ！」と冗談《じょうだん》で話します。

もうひとつの成功のカギは、缶詰《かんづめ》の中に脱酸素剤《だつさんそざい》を入れたことでした。食

脱酸素剤《だつさんそざい》のしくみ

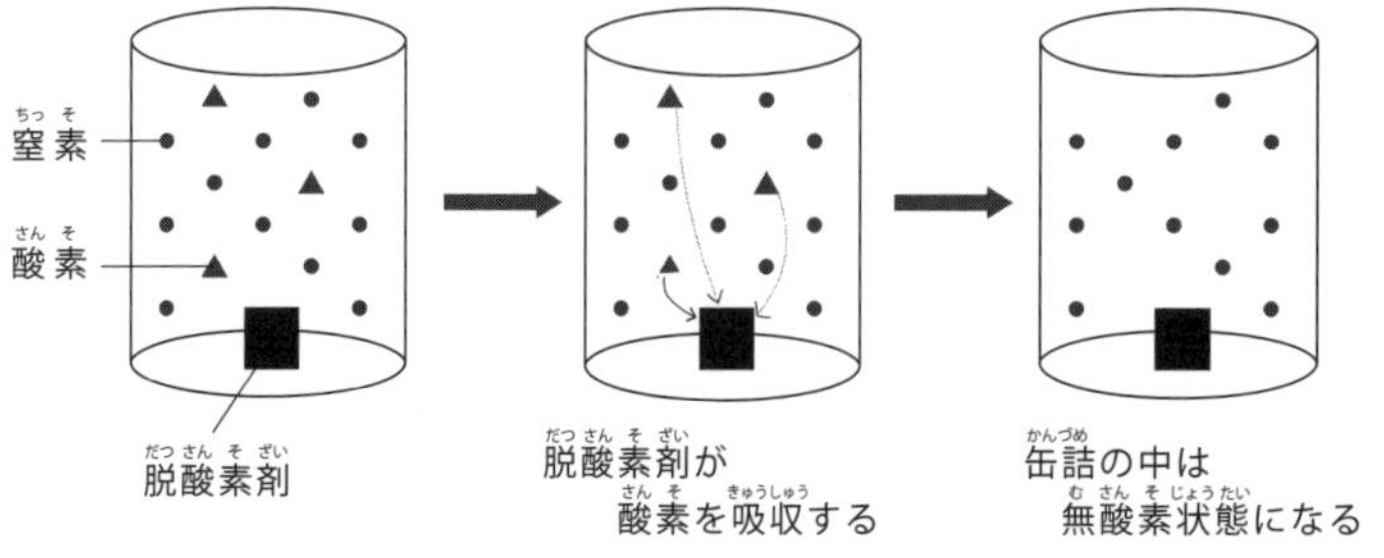

品が空気にふれると、食べものが酸化《さんか》しておいしくなくなる話はしましたね。

パンの缶詰《かんづめ》は、缶《かん》とパンのすきまに空気が50 ccくらい入ります。酸化《さんか》をふせぐには、空気中の酸素《さんそ》を完全に取りのぞかなければなりません。少ない量でも酸素《さんそ》が入ると、パンがくさったり、カビたり、油の酸化《さんか》を進めたりする原因《げんいん》になるからです。

空気は、おもに窒素《ちっそ》と酸素《さんそ》でできていますが、全体の21％が酸素《さんそ》です。つまり、50 ccのうちの21％、約10 ccの酸素《さんそ》を吸収《きゅうしゅう》して取りのぞく役割《やくわり》をしているのが脱酸素剤《だつさんそざい》です。お菓子《かし》の袋《ふくろ》などに、たいてい入っている三センチ四方の小さなパックは、だれでも見たことがあるでしょう。脱酸素剤《だつさんそざい》には特別な処理《しょり》をした鉄の粉が入っています。鉄には酸素《さんそ》を吸《す》う性質《せいしつ》があり、これを入れて缶《かん》のふたをしめると、缶《かん》の中が無酸素状態《むさんそじょうたい》になって長期保存《ほぞん》が可能《かのう》になるのです。

もし、パンの缶詰《かんづめ》を開ける機会があったら、パンの上にのっている脱酸素《だつさんそ》剤《ざい》をさわってみてください。空気中の酸素《さんそ》に再《ふたた》びふれた脱酸素剤《だつさんそざい》の鉄の粉は、化学反応《はんのう》を起こし、熱を発して温かくなっています。これは、使い捨《す》てカイロが温かくなるのと同じ仕組み。缶《かん》の中が無酸素状態《むさんそじょうたい》だった証明《しょうめい》です。

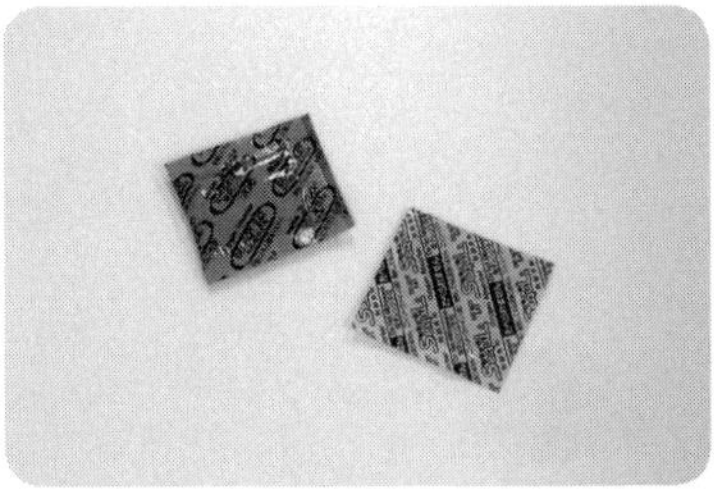

脱酸素剤《だつさんそざい》

苦労して生まれた五番目の子ども

何度も失敗をくりかえして、ついにパンの缶詰《かんづめ》が完成しました。防腐剤《ぼうふざい》などはいっさい入っていないのに、ふわふわのままで長期保存《ほぞん》が可能《かのう》になったのです。

発売したのは、一九九六年の秋。あの阪神《はんしん》・淡路大震災《あわじだいしんさい》から一年半がたっていました。震災《しんさい》直後にゼロから開発を始めたことを考えると、一年半は早いと言えるかもしれません。でも秋元さんたちは、ここに来るまで百回以上もの実験をくりかえしました。本当にできるかわからない、売れるかもわからない商品の研究に、町の小さなパン屋が力を注いだのです。

これは、すごいことではないでしょうか。「もうダメだ、やめよう」という気持ちにはならなかったのか、秋元さんに聞いてみました。

「いやいや、何度もあきらめたくなりましたよ。でも、そのたびに神戸から『できた？』と電話がかかってくる。『あなたのミッションでしょ』と言われるんです。そう言われたら、あきらめるわけにはいきませんよね。親父《おやじ》の考え方にも勇気づけられました『いつも大きなところ、高いところから物事《ものごと》を見なさい。困《こま》っている人のため、社会のためになるのなら、やるべきだ』と言っていたんです。

発明王のエジソンは、一万回失敗して一万一回目に成功したと言われています。あきらめなければ、それは失敗じゃない。でも、あきらめれば失敗になってしまうんですよね」

そう言って、秋元さんはわらいます。いろいろな壁《かべ》にぶちあたっても、あきらめなかったから、パンの缶詰《かんづめ》が誕生《たんじょう》したのです。

秋元さんには子どもが四人います。妻《つま》の志津子《しづこ》さんも結婚《けっこん》当初から秋元パン店でいっしょに働き、四人の子どもを育ててきました。
「缶詰《かんづめ》が完成したときは、『やった！』
という気分でしたね。苦労して、
ようやくできあがった、
わたしたち夫婦《ふうふ》にとっては
五番目の子ども。
四人の子どもは
それぞれに
大きくなっていましたが、
新しい子どもが
生まれた気分でした。
それくらいうれしかったんです。
子どもを授《さず》かったからには、育てる責任《せきにん》がある。もしかすると、被災地《ひさいち》で

広がっていくかもしれないし、世界で売れるのかもしれない。どんなことになっても、ちゃんと育てていこうと心に決めました」と、秋元さんはふり返ります。

現在《げんざい》、パン・アキモトで作っているパンの缶詰《かんづめ》の賞味期限《きげん》は、クリームなどの材料を使っているものについては一年、そのほかのパンは三年です。ところが、最初に作った缶《かん》の賞味期限《きげん》はわずか一か月でした。今ほど品質《ひんしつ》が高くなかったのです。

「最初から百点満点を目指すのは無理なので、八十点くらいから始めよう」というのが秋元さんの考え方でした。売りながら、お客さんの反応《はんのう》を見ながら、よりよいものにしていけばいいと思っていました。

そのため、販売《はんばい》が始まってからも、何度も改良を重ねました。たとえば「虐待試験《ぎゃくたいしけん》」といって、できあがった缶詰《かんづめ》をはげしい暑さや寒さなどの過酷《かこく》な環境《かんきょう》の中に置いたり、劣化《れっか》しにくい素材《そざい》をさがしたり、よりおいしい配合を研究してきました。

「今もまだ、改良は続いていますよ。現状《げんじょう》に満足することなく、進化し続けていかなくてはいけないと、社員にも言い続けています」

パンの缶詰《かんづめ》・第1号

「社会性《しゃかいせい》のふりかけ」をかける

せっかくできあがったパンの缶詰《かんづめ》ですが、最初はなかなか売れませんでした。それはもう、本当に、まったく売れなかったそうです。

缶詰《かんづめ》にパンが入っているなんて、ふつうはだれも気づきません。那須《なす》にある観光牧場や高速道路のサービスエリアに置いてもらいましたが、宣伝《せんでん》ポップを書いたくらいでは、興味《きょうみ》を持ってもらえませんでした。テレビや新聞に広告を出せば知ってもらえるかもしれませんが、そんな大金はありません。

そこで、秋元さんは考えました。

「広告ではなくニュースとして、新聞やテレビに取り上げてもらえないだろうか」

新聞社やテレビ局の知り合いに連絡《れんらく》してみましたが、反応《はんのう》はありませんでした。パンの缶詰《かんづめ》は、どこに出してもはずかしくない自慢《じまん》の商品でしたが、「いい製品《せいひん》ができた」とか「おもしろいものができた」という理由だけでは、ニュースになりません。世の中はそれほど甘《あま》くないのです。作戦の立て直しでした。

秋元さんは若《わか》いころから、新聞社の仕事の手伝いをしているので、記者たちが何に興味《きょうみ》を持っているか、何を求めているのかを想像《そうぞう》できました。

ちょうど、九月一日の防災《ぼうさい》の日が近づいていました。秋元さんは、この日に地元の市役所にパンの缶詰《かんづめ》を五百缶《かん》プレゼントすることにしました。そして「贈呈式《ぞうていしき》を行いますので、いらしてください」といろんな人に声をかけると、あっというまにテレビ局や新聞社が取材に来てくれたのです。秋元さんは言います。

「このパンは被災者《ひさいしゃ》の声から生まれたもの。お年寄《としよ》りや、小さな子どもや、歯の悪い人のための、新しい備蓄食《びちくしょく》です、と話しました。メディアに取り上げてもらうためには、『社会性《しゃかいせい》というふりかけ』が必要なんですね」

「社会性《しゃかいせい》のふりかけ」というのは、秋元さんならではの表現《ひょうげん》です。それは、社会のために役立つことや、社会とのつながりを感じさせるできごと、という意味でしょう。そういうスパイスをちょっとふりかけると、街の中でアンテナを立てている記者たちの目にとまります。それがニュースになれば、さらに多くの人が、社会で起きていることを、自分のこととして考えられるようになります。

このときは、パンの缶詰《かんづめ》を知ってもらうために、みんなの関心が集まる防《ぼう》災《さい》の日を選んだこと。地元の人たちに役立ててもらえるように、市への贈《おく》りものにしたこと。阪神《はんしん》・淡路大震災《あわじだいしんさい》の被災者《ひさいしゃ》の声から生まれた商品ということ。そのすべてが社会とつながって、インパクトのあるニュースとなりました。

いよいよ、パンの缶詰《かんづめ》のメディアデビューです。この日、NHKの正午の全国ニュースで取り上げられると、午後三時にはNHKが世界に発信する国際《こくさい》ニュースでも紹介《しょうかい》されました。すると、シンガポールからいきなり電話がかかってくるほどの反響《はんきょう》がありました。

この日をきっかけに、ほかの番組の取材も入るようになり、パンの缶詰《かんづめ》は社会の話題となって、いろいろなところで売れていきました。

新潟県中越地震《にいがたけんちゅうえつじしん》で再《ふたた》び話題に

パンの缶詰《かんづめ》が、つぎに大きな話題になったのは、二〇〇四年の新潟県中越《にいがたけんちゅうえつ》地震《じしん》のときでした。

このとき大きな被害《ひがい》を受けた長岡市《ながおかし》は、父の健二さんの時代から親しくしているパン屋さんがあり、親しみ深い地域《ちいき》です。しかも那須塩原《なすしおばら》から長岡《ながおか》は直線距離《きょり》で百キロメートル。意外に近い場所なので、ありったけの缶詰《かんづめ》を集めて運びました。

それでも足りなかったので、パンの缶詰《かんづめ》を備蓄食《びちくしょく》として大量に持っている自治体に声をかけました。東京都中央区《ちゅうおうく》、東京都稲城市《いなぎし》、千葉県浦安市《うらやすし》、埼《さい》玉県戸田市《たまけんとだし》などが、中越《ちゅうえつ》地方に直接《ちょくせつ》送ってくれることになりました。

数日後、ニュースで現地《げんち》の対策本部《たいさくほんぶ》が映《うつ》し出されました。そこにあったのは山のように積まれたパンの缶詰《かんづめ》。秋元さんは、感激《かんげき》で胸《むね》が熱くなりました。

「もちろん大地震《だいじしん》は起きてほしくはありませんが、被災《ひさい》した人にちゃんとパンの缶詰《かんづめ》が届《とど》いたと思うと、うれしかったですね。パンの缶詰《かんづめ》を作ってから十年近くたって、ようやくこんなときがきたと思いました」

震災《しんさい》の一週間後に長岡《ながおか》市内の学校が再開《さいかい》したときには、給食施設《しせつ》がまだ使えない状態《じょうたい》でした。そこでもパンの缶詰《かんづめ》が配られました。子どもたちは数日間、お昼にパンの缶詰《かんづめ》を食べてすごしました。

また、ほかの地域《ちいき》から地震《じしん》の状況《じょうきょう》を調べに行った人たちも、牛乳《ぎゅうにゅう》とパンの缶詰《かんづめ》を食べて仕事を続けたそうです。これらはすべてニュースになって、パン・アキモトには全国から缶詰《かんづめ》の注文が殺到《さっとう》しました。

「当時は、がんばって生産しても一日にできる数は四千～五千缶《かん》。注文がどんどんたまって製造《せいぞう》がまにあわず、注文を受けてから四か月先まで待ってもらうことになりました。防災《ぼうさい》グッズなのに『待ってね』というのはおかしいでしょう。このとき、那須《なす》以外の場所にも缶詰《かんづめ》の工場を作ろうと決心しました」

そして二〇〇五年、遠く離《はな》れた沖縄《おきなわ》にパンの缶詰《かんづめ》工場を立ち上げました。沖縄《おきなわ》を選んだのは、沖縄県《おきなわけん》が工場誘致《ゆうち》をすすめる土地があったこと。秋元さんが育った栃木《とちぎ》には海がないので、海にあこがれたこと。那須《なす》からは福島空港が近く、当時は沖縄《おきなわ》行きの便が毎日飛んでいて（現在《げんざい》は休止）、朝の飛行機に乗れば、夕方には帰って来られるのも魅力《みりょく》でした。いろいろな利点が重なって、急ピッチで準備《じゅんび》が進み、工場を開くことができました。

沖縄《おきなわ》米軍基地《きち》の認定《にんてい》を受ける

ところが沖縄《おきなわ》に工場ができて一年後、缶詰《かんづめ》がパタッと売れなくなりました。パンの缶詰《かんづめ》はふだんの生活には必要がないので、売れゆきに波があるのです。注文がふえるのは、大きな災害《さいがい》のあとや、テレビの話題で取り上げられたあとなど。何もない静かな日々は、売り上げが落ちるときでもあります。

せっかく沖縄《おきなわ》に工場を作ったのに、これでは大赤字です。人をやとい、機械もそろえて、莫大《ばくだい》なお金をかけたのに、これ以上工場を続けていくのは難《むずか》しいかもしれない。このピンチをどう乗り切るか、秋元さんは沖縄《おきなわ》工場のスタッフと考えました。

「そうだ、缶詰《かんづめ》だけでなく、ふつうのパンも作って売ろう！」

ここはパンの缶詰専門《かんづめせんもん》の工場ですが、作業工程《こうてい》を少し変えれば、ふつうのパンも焼くことができます。毎日食べてもらえるおいしいパンを作るのは、那須《なす》でもやっていること。思いついたら、すぐ行動です。ただし、ここは工

場だけでお店がないので、パンを車に乗せて売りこみに行くことにしました。突撃訪問販売《とつげきほうもんはんばい》です。

社員みんなのがんばりもあって、パンの売れゆきがのびたので、工場を閉《し》めずにすみました。困《こま》ってもあきらめず、とことん考えて工夫する。それが秋元さんのモットーです。

このまま訪問販売《ほうもんはんばい》を広げていくべきか、秋元さんがまよっていると、アメリカ人の知り合いがアドバイスをくれました。

「アキモト、むかし、オレたちといっ

しょにレッドクロス（赤十字《せきじゅうじ》）の手伝いをしたのをおぼえているだろう？　沖縄《おきなわ》の嘉手納《かでな》飛行場の中には赤十字の事務所《じむしょ》があるから、そこに行ってみたらいいよ」

赤十字とは、戦争や災害《さいがい》によって傷《きず》を負った人たちの救護《きゅうご》活動をする国際《こくさい》団体《だんたい》で、世界各国に存在《そんざい》しています。日本にあるのは日本赤十字社ですが、嘉手納《かでな》飛行場はアメリカの空軍基地《きち》なので、アメリカの赤十字社の支所《ししょ》があるのです。

アドバイスをくれたアメリカ人は、神奈川県横須賀市《かながわけんよこすかし》で活動していた宣教《せんきょう》師《し》でした。秋元さんは学生時代、この宣教師《せんきょうし》といっしょに横須賀基地《よこすかきち》の中で、アメリカ赤十字のボランティアをしたことを思い出しました。

すぐに嘉手納《かでな》飛行場に連絡《れんらく》し、パンの缶詰《かんづめ》を持って行くと、赤十字の人はとてもおもしろがって、売店の担当者《たんとうしゃ》につないでくれました。そこでも気に入ってもらえましたが、販売《はんばい》するには「軍の許可《きょか》が必要だ」と言われました。

基地《きち》の中で食品を販売《はんばい》するためには、米軍の保健所《ほけんじょ》の検査《けんさ》に通らなければなりません。申請《しんせい》書類などを提出《ていしゅつ》して待っていたら、半年後にようやく許可《きょか》がおりました。

この半年のあいだには、ぬきうちで缶詰《かんづめ》工場に検査《けんさ》が入りました。事前に検査《けんさ》の日を教えられたら、そのときだけちゃんと準備《じゅんび》をするかもしれないので、突然《とつぜん》やって来ていつもの仕事ぶりをチェックするのです。

そのほかにも、働く人の身辺調査《ちょうさ》まできびしく行われていました。

「アメリカ軍がおそれるのは、食品に毒物を入れられること。二〇〇一年のニューヨーク同時多発テロのあと、封筒《ふうとう》に入った白い粉がアメリカ軍の基地《きち》に届《とど》いた事件《じけん》がありました。炭疽菌《たんそきん》という毒物でしたが、パン屋は白い粉を使っているから、特にきびしく調べられたようです」

時間はかかりましたが、パン・アキモトの沖縄《おきなわ》工場はアメリカ軍のフードインスペクター（食品検査《けんさ》）の認定《にんてい》を受けました。はじめは基地《きち》の中で個人《こじん》向けに販売《はんばい》していましたが、飛行場の消防隊《しょうぼうたい》が気に入ってくれて、軍の予算でパンの缶詰《かんづめ》が購入《こうにゅう》された実績《じっせき》もできました。

数年後、アメリカでスペースシャトルにパンの缶詰《かんづめ》を乗せることが検討《けんとう》されたとき、米軍基地《きち》での実績《じっせき》は「安心安全な食べもの」の裏《うら》づけとなりました。まわり道をしたように見えた時間も、結局無駄《むだ》なことは何ひとつありませんでした。

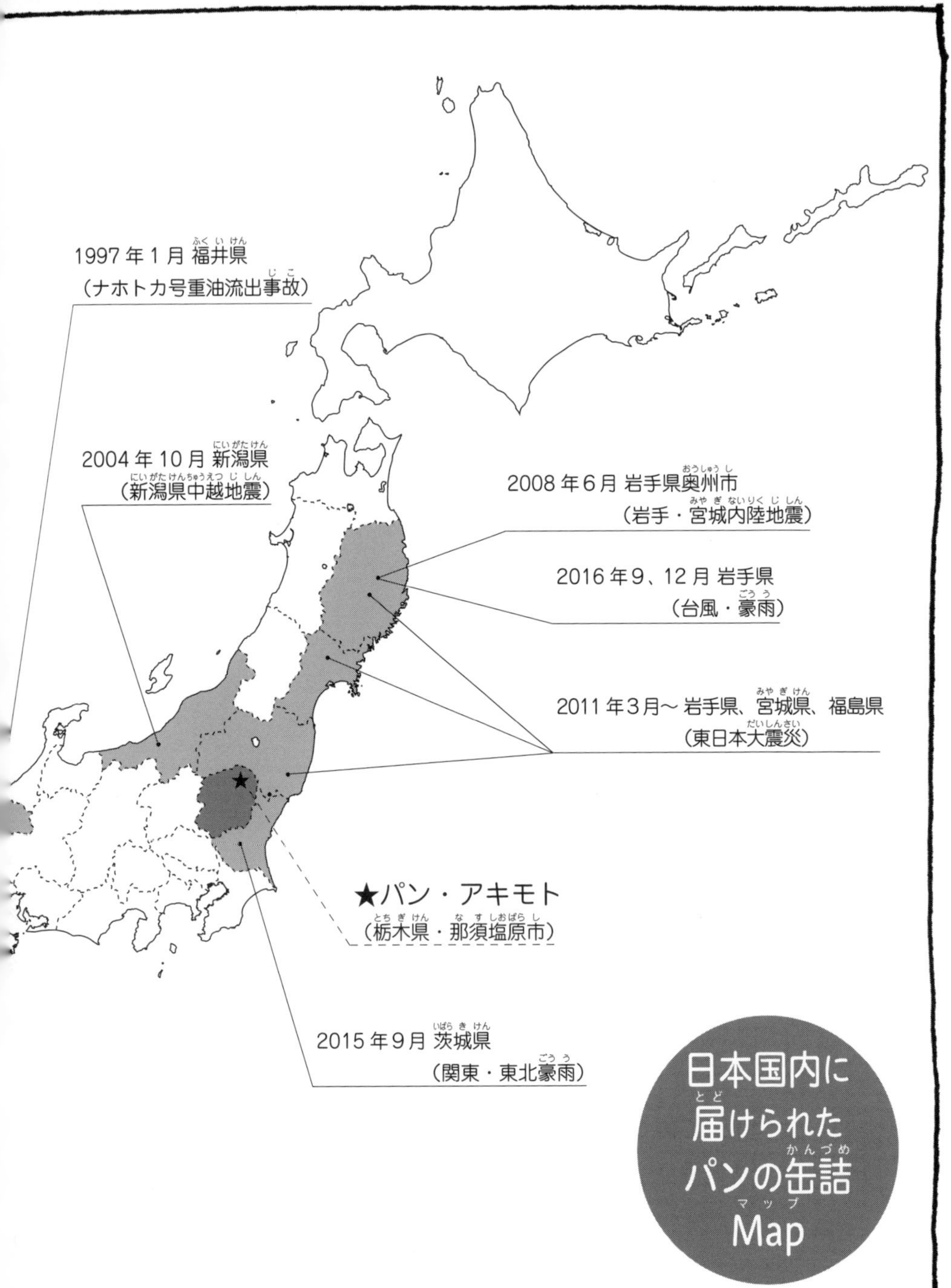
1997年1月 福井県《ふくいけん》
（ナホトカ号重油流出事故《じこ》）
2004年10月 新潟県《にいがたけん》
（新潟県中越地震《にいがたけんちゅうえつじしん》）
2008年6月 岩手県奥州市《おうしゅうし》
（岩手・宮城内陸地震《みやぎないりくじしん》）
2016年9、12月 岩手県
（台風・豪雨《ごうう》）
2011年3月～ 岩手県、宮城県《みやぎけん》、福島県
（東日本大震災《だいしんさい》）
★パン・アキモト
（栃木県《とちぎけん》・那須塩原市《なすしおばらし》）
2015年9月 茨城県《いばらきけん》
（関東・東北豪雨《ごうう》）
日本国内に
届《とど》けられた
パンの缶詰《かんづめ》
Map《マップ》

各地に届《とど》けられたパンの缶詰《かんづめ》の数

1997年1月　福井県《ふくいけん》　……約1,000缶《かん》

2004年10月　新潟県《にいがたけん》　……2,400缶《かん》＋数千缶《かん》*

2008年6月　岩手県奥州市《おうしゅうし》　……2,400缶《かん》

2011年3月～岩手県、宮城県《みやぎけん》、福島県

……100,000缶《かん》以上

2014年8月　広島市　……960缶《かん》

2015年9月　茨城県《いばらきけん》　……10,500缶《かん》

2016年4月　熊本県《くまもとけん》　……20,000缶《かん》

9月　岩手県　……1,300缶《かん》

12月　岩手県　……200缶《かん》

2017年7月　福岡県《ふくおかけん》、大分県　……7,000缶《かん》

*各自治体や企業からの寄付分
（2017年7月末日現在）

合計145,760缶《かん》以上

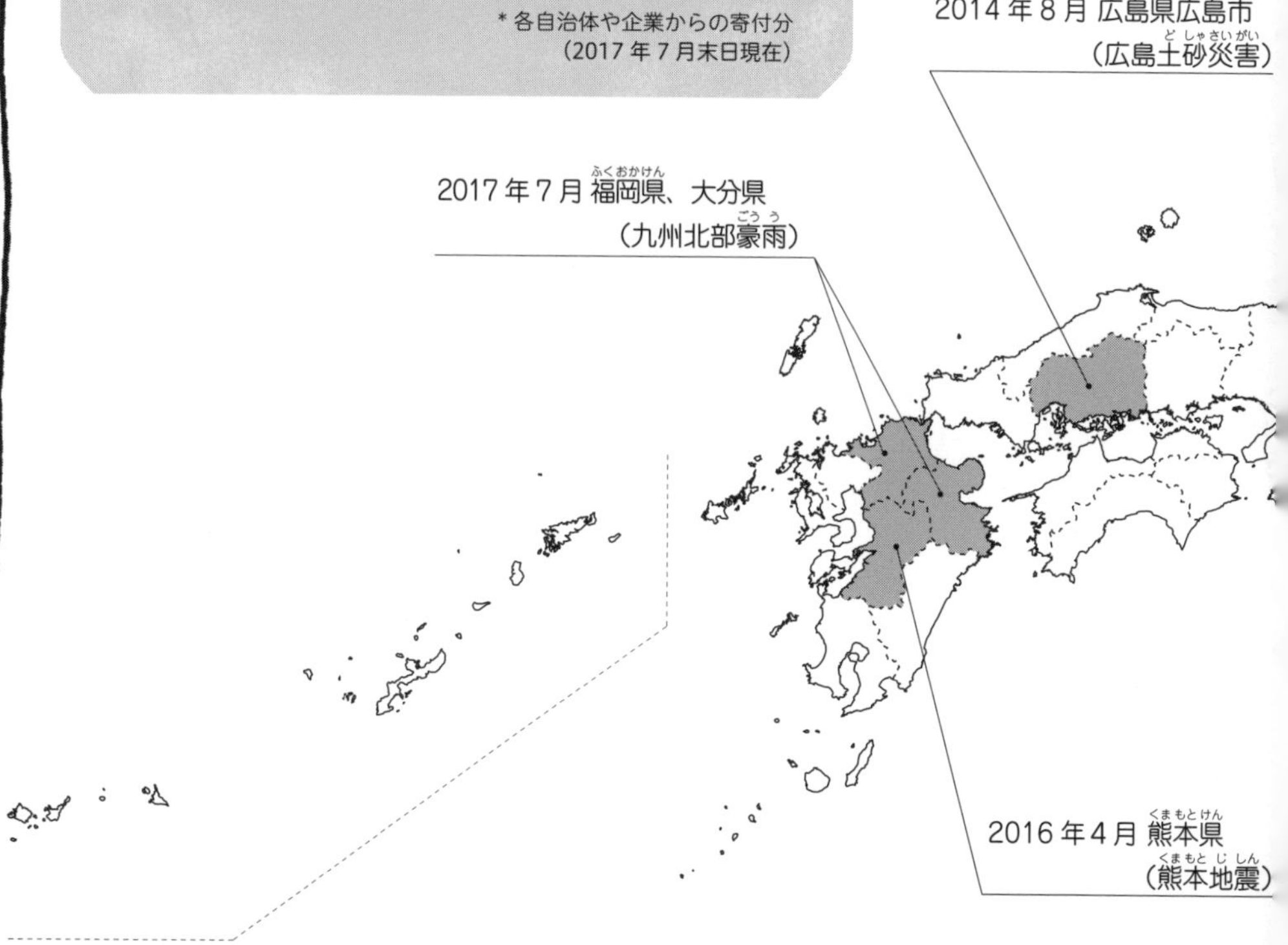

日本各地の被災地《ひさいち》へ
パンの缶詰《かんづめ》を届《とど》ける

岩手《いわて》県《けん》・陸前高田市《りくぜんたかたし》

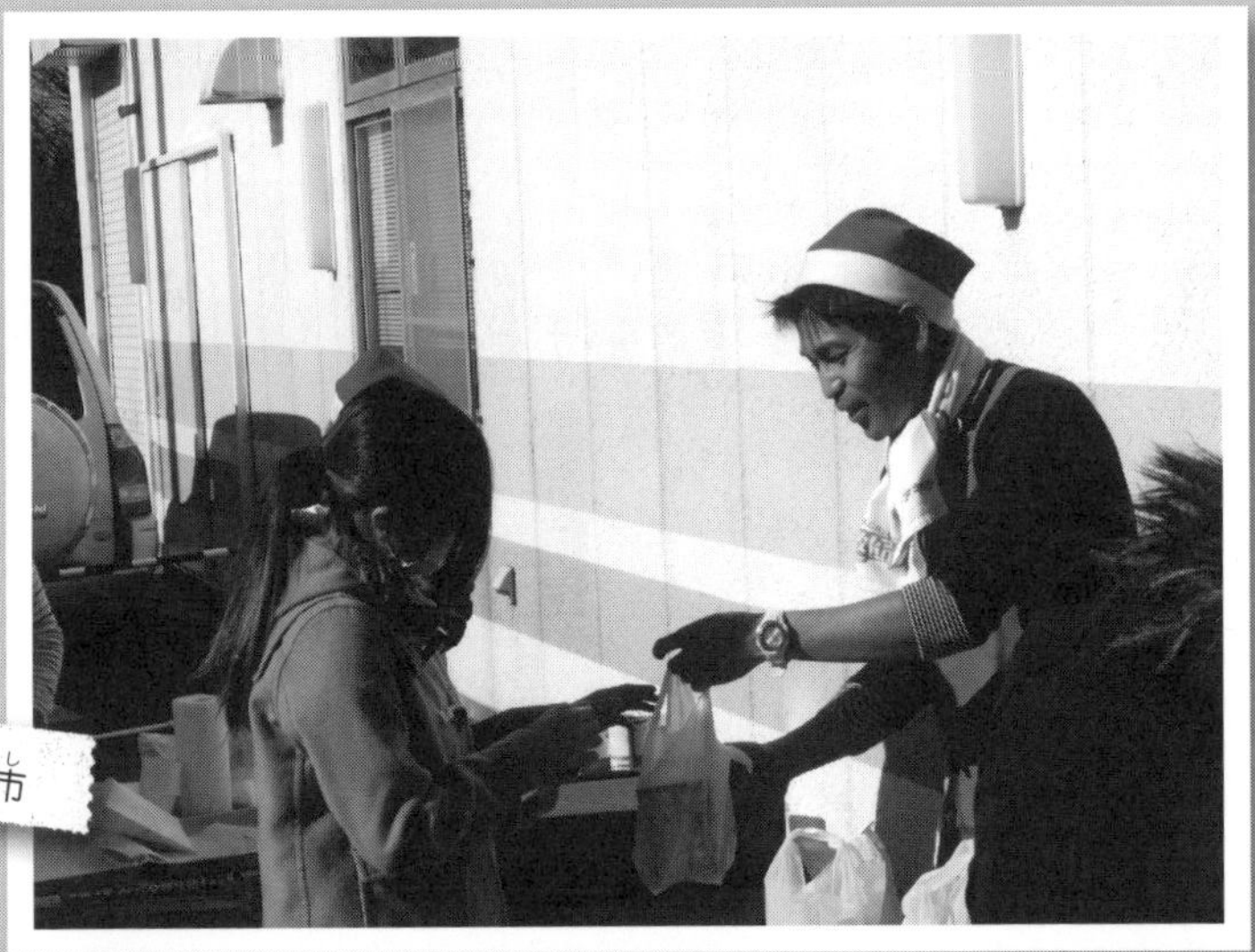

茨城《いばらき》県《けん》・常総市《じょうそうし》

3章
パン屋のバトンを受けついで

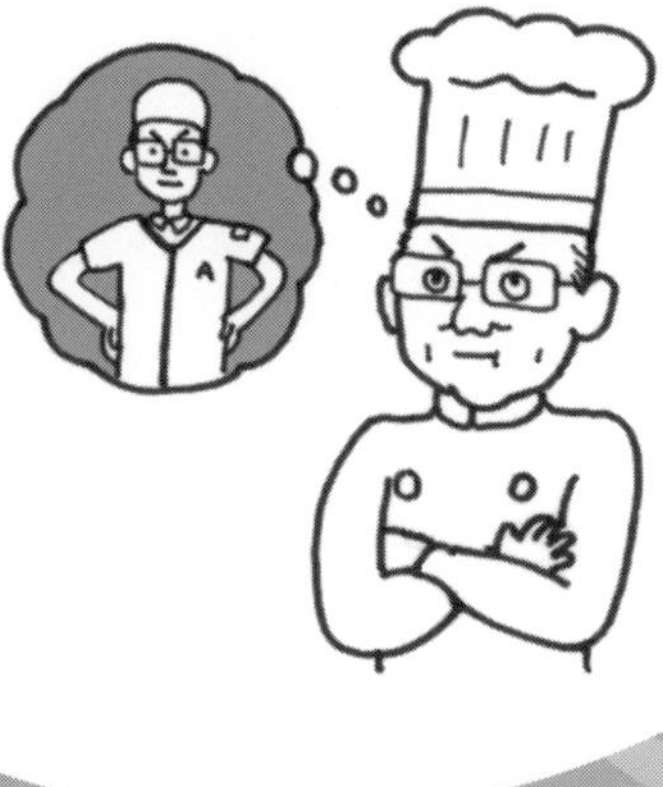

飛行機乗り、パン屋になる

秋元パン店がオープンしたのは、第二次世界大戦が終わって日が浅い、一九四七年（昭和22）のこと。秋元さんはまだこのとき生まれていません。お店を創業《そうぎょう》したのは、父の健二《けんじ》さんでした。

一九一七年（大正6）生まれの健二さんは、若《わか》いときは日本航空（JAL《ジャル》）の前身である大日本航空で、国際線《こくさいせん》の無線通信士として働いていました。空の上から、地上と無線で交信する仕事です。当時の飛行機には、操縦士《そうじゅうし》、副《ふく》操縦士《そうじゅうし》、機関士、無線通信士の四人が、必ず乗員として乗っていました。

ジャンボジェットなどの大型旅客機はなかった時代なので、旅客機といっても十〜二十人乗りの小型飛行機がほとんど。料金はとても高く、飛行機に乗れるのは政府《せいふ》や軍のえらい人、大会社の社長くらいでした。そんな時代に健二さんは、アジアを中心に世界中を飛び回っていたのです。

一九三九年（昭和14）五月。健二さんの乗った飛行機は、福岡市《ふくおかし》の飛行場から朝鮮《ちょうせん》の京城《けいじょう》（現在《げんざい》の韓国《かんこく》・ソウル）にむけて飛び立ちましたが、整備《せいび》不良のため離陸《りりく》直後に墜落《ついらく》してしまいます。乗員乗客十一人のうち六人が亡《な》くなるという大変な事故《じこ》で、健二さんは一命をとりとめたものの、全身にやけどを負いました。顔にはやけどのあとが残り、腕《うで》と膝《ひざ》には金属《きんぞく》の留《と》め金《がね》を入れて固定していました。指も数本曲がった状態《じょうたい》になってしまったのです。

戦争が終わったとき、大日本航空は解散《かいさん》しました。健二さんは、事故《じこ》の後《こう》遺症《いしょう》が残っていましたが、まだ二十代。新しい仕事を見つけなければなりませんでした。

終戦直後、最初についた仕事はラジオの修理《しゅうり》でした。テレビもパソコンもない時代です。ラジオは情報《じょうほう》がリアルタイムで得られる、ただひとつの道具でした。戦争などで多くのラジオがこわれ、修理《しゅうり》をする人が求められていました。もともと無線通信士をしていたので、機械を修理《しゅうり》するのは得意だったのでしょう。

しかし、健二さんはもっと自分にあった仕事はないかと考えていました。友だちのお父さんに相談すると、「今は食糧難《しょくりょうなん》なのだから、食べものを作ってはどうか」とアドバイスされたそうです。そのころの話を、息子の秋元さんはお父さんから直接《ちょくせつ》聞いています。

「ぼくは食糧難《しょくりょうなん》の経験《けいけん》はありませんが、終戦直後はだれもが食べていくことに大変な時代だったんですよね。だから、おいしいものが作りたかったのだと思います。

もうひとつ、親父《おやじ》は『日本の食生活は、これからもっと欧米化《おうべいか》するだろう』と考えていました。海外のこともよく知っていたので、イメージできたのでしょう。新しく店を持つなら、洋食のレストランを開くか、パン屋にしようと思ったようです」

健二さんはパン屋を開く道を選び、東京・世田谷区のパン屋で一週間ほど見習いとして働いたあと、ふるさとの那須《なす》に帰って秋元パン店を開きました。

一週間教わっただけでパン屋を開いてしまうなんて、むかしの人はすごい行動力です。すぐに働いて収入《しゅうにゅう》を得たかったのかもしれませんが、一週間の見習い期間は密度《みつど》の濃《こ》いものだったにちがいありません。

ただ、那須《なす》にはすでに別のパン屋さんがあったので、「パンと何の関係もなかった人間が、突然《とつぜん》パン屋になった」などと悪口を言う人もいたそうです。

「親父《おやじ》は気骨《きこつ》のある人だったので、戦後、学校給食がスタートすると、学校にパンをおさめるようになりました。そして、地元の人からも信頼《しんらい》されていきます。今でも、七十～八十代の人からは『お父さんは手も不自由なのに、パン職人《しょくにん》として本当にがんばっていた』と言われることがあるんですよ。親《おや》父《じ》は、周囲の人も認《みと》める伝説の職人《しょくにん》。この店の基礎《きそ》を作ってくれた人です」

秋元パン店のアルバム

秋元パン店

無線通信士をしていたころの
父・健二《けんじ》さん

オート三輪《さんりん》で配達

パン屋の二代目として

秋元さん自身は、子どものころからお父さんのパン屋の仕事を見て育ちました。小学生のときには学校に行く前に、焼き上がったパンを箱につめる手伝いをしていたし、お姉さんたちは中学生になると売店に立ってパンを売りました。

秋元さんがおぼえているのは、小学校四年生のときに、お父さんに自転車を買ってもらったことです。

「いつも、ポンポンと物を買ってくれるような人ではありません。なぜ立派《りっぱ》な自転車を買ってくれたんだろうと思っていたら、近くの町工場に夕方のパンを届《とど》けるためだった（笑）。もちろんぼくが届《とど》けるのですが、イヤだと思ったことはありませんでしたね。それくらい、家の手伝いをするのはあたりまえでした」

秋元少年は、店の手伝いをたくさんしながら成長し、東京の大学に進学しました。

東京では寮《りょう》生活をしていましたが、そこで親しくなった宣教師《せんきょうし》がアメリカに帰ることになったとき、「自分もいっしょにアメリカに行って、海外の生活を体験したい」と考えました。

お父さんに相談すると、特に反対することもなく「行きなさい」と、費用を出して二か月のホームステイに送り出してくれました。

秋元さんのお姉さんや弟さん二人も、大学時代に海外渡航《とこう》を経験《けいけん》しています。海外旅行も今ほど気軽ではない時代です。留学《りゅうがく》する人も、ほんのひとにぎりでした。

「親父《おやじ》は、若《わか》いころに世界を広く見てきたから、子どもにも同じ経験《けいけん》をさせたいと思っていたのでしょうね。そういう部分では、とても理解《りかい》がある人でした。『お金はないけれど、経験《けいけん》という財産《ざいさん》を君たちに残すんだ』と、カッコいいことを言っていました」

アメリカで生活したり、音楽をやったり、好きなことは何でも経験《けいけん》した大学時代。秋元さんは、大学卒業のときが近づいても、自分がパン屋のあとつぎになる気持ちはさらさらありませんでした。当時は、家業は長男がつぐのがあたりまえの時代です。秋元さんは長男ですが、地元に帰ってパン屋になるより、世界を舞台《ぶたい》にした仕事がしたいと思っていました。

今でこそ秋元さんは、パンを世界中に届《とど》けるようになりましたが、小さな町のパン屋が世界を目指せるとは、思いもしなかったのです。

当時は高度経済《けいざい》成長期で、日本の経済《けいざい》がどんどんのびていて、秋元さんが大学を卒業するころは、多くの人が大企業《だいきぎょう》に就職《しゅうしょく》しました。秋元さんは新聞社に就職《しゅうしょく》して新聞記者になるか、空にあこがれていたのでＪＡＬ《ジャル》かＡＮＡ《アナ》などの航空会社に行きたいと考えていました。

するとパン屋の仕事を手伝っていた秋元さんのおばあさんが言いました。

「何言っているの？　あなたはパン屋の息子でしょう。パン屋をつぐのがあたりまえじゃないの」

決めつけるような言い方に、秋元さんはずいぶん抵抗《ていこう》したそうです。でも、大学にいるあいだにアメリカ生活をさせてもらったし、やりたいことや好きなことは自由にさせてもらった。当時の学生の中でも、自分はぜいたくをしてきたと自覚していました。結局「パン屋をつぐのは自分しかいない」と、決意します。

大学を卒業したあと、秋元さんは東京・杉並区《すぎなみく》にあるパン屋で二年間見習いとして働き、一九七八年（昭和51）の春に那須《なす》にもどりました。もどったその年の秋には志津子《しづこ》さんと結婚《けっこん》。ふたりとも秋元パン店で働き始めました。

夫婦《ふうふ》ふたりから、家族みんなへ

志津子《しづこ》さんは北海道の出身です。ふたりが出会ったのは、秋元さんが大学生で志津子《しづこ》さんが高校生のときでした。

大学の夏休みに、北海道出身の先輩《せんぱい》の家に遊びに行った秋元さん。そこで紹介《しょうかい》された友だちの一人が、志津子《しづこ》さんでした。その後、志津子《しづこ》さんは東京の短大へと進学しますが、ふたりともクリスチャンで、通った教会までいっしょ。また、ふたりには音楽という共通の趣味《しゅみ》があり、いっしょにバンドも組んでいたそうです。

結婚《けっこん》後、志津子《しづこ》さんは四人の子どもを育てながら、秋元さんとともに店をきりもりしてきました。

「専業主婦《せんぎょうしゅふ》でいいと言われて那須《なす》に来たのに、つぎの日からお母さんに『あれをしなさい』『これをしなさい』と言われて、びっくりすることばかりでした。あのころ従業員《じゅうぎょういん》は二十人ほどいましたが、年配の人ばかりで、たくさんしかられたんですよ。今思えば、育ててもらっていたんですね。

お父さんは新しいことをするにも、一歩一歩固めていくタイプ。主人はあれもやりたいこれもやりたいと飛び回るタイプなので、親子でよくぶつかっていました。主人は動いているのが好きなんです。じっとしていたら死んでしまうんじゃないかと思うくらい（笑）。

あの行動力があるから、パンの缶詰《かんづめ》ができたんでしょうね。わたしは主人が飛んで行きすぎないように、ちょっと引き止める重石《おもし》のような役割《やくわり》です」

一方で、志津子《しづこ》さんについて、秋元さんは語ります。

「妻《つま》がいてくれるから、ぼくは安心して外に出ることができるんです。この会社は妻《つま》でもっている。パン職人《しょくにん》は男性《だんせい》が多いので男社会のように見えますが、お客さんは圧倒的《あっとうてき》に女性《じょせい》です。女性《じょせい》目線での商売や営業《えいぎょう》が大事だなと思うんですよ」

おたがいをさりげなく思い合う二人です。

四十年間、志津子《しづこ》さんは子育てをしながら仕事を続けてきました。じつは秋元さんは仕事ひとすじで子育てに目を向けることも少なく、しんどい思いもたくさんしたそうです。資金《しきん》ぐりが大変で、もうパン屋を続けられないかもしれないと思ったこともありました。

「子どもたちには、同じような苦労はさせたくない」と志津子《しづこ》さんは思っていましたが、四人の子どものうち三人がもどってきて、いっしょに働くようになりました。

そして秋元さんは、家族とともに働けることが、やっぱりうれしそうです。

「パン屋の仕事は朝が早いし、重労働なので人をやとうのも大変。人手不足もあってやめようと思ったこともありましたが、どういうわけか次男が帰ってきて、長男も帰ってきて、長女も帰ってきてくれました。長男の嫁《よめ》も経理《けいり》をやってくれています。子どもたちは、母親がどれだけ大変だったかを見てきていますから、お父ちゃんのためではなく、お母ちゃんの応援《おうえん》をしているんですよ（笑）」

空から見ると壁《かべ》や国境《こっきょう》はない

秋元パン店は町のパン屋さんでしたが、創業者《そうぎょうしゃ》の健二さんが新しいことに挑戦《ちょうせん》し続けた人だったので、二代目の秋元さんもいろいろなことをためしてきました。

お店でパンを売るだけでなく、車で移動販売《いどうはんばい》を行ったり、スーパーマーケットの中にインストアベーカリーを開いたりしました。

より新しいサービス、よりよいサービスに積極的な社風だから、パンの缶《かん》詰《づめ》は生まれたといえるでしょう。すべては、お客さんへのサービスのため。秋元さんにとって、チャレンジは自然なことだったのです。

「親父《おやじ》の教えのひとつは、『大局的《たいきょくてき》に物事《ものごと》を見なさい』ということでした。多くの人は目の前のことしか見えていませんが、親父《おやじ》は飛行機乗りだったので、物事《ものごと》を高いところから見ていたんです」

人生を道にたとえると、山があったり谷があったり、でこぼこの歩きにくい道が続いたりします。歩いてみなければ、その道がよい道かどうかなんてわかりません。

目の前に高い山がそびえていると、頂上《ちょうじょう》が見えなくて、ちゃんと登れるか心配になるかもしれません。もし失敗をしてしまったら、谷底に突《つ》き落とされた気分になるかもしれません。もう進むのをやめたいと思うこともあるでしょう。

そんな自分を、少し高いところからながめたら、どう見えるでしょうか。つらくてたまらない山登りの途中《とちゅう》でも、その先に広くてながめのいい場所があると気づくかもしれません。逆《ぎゃく》に、スイスイ歩ける楽な道でも、一歩先にはあぶない崖《がけ》があることに気づくかもしれません。

飛行機乗りだった健二さんは、いつでも少し高いところから自分を見る冷静さがあったのだと思います。

目の前のことだけにとらわれず、高いところから俯瞰《ふかん》して見ることはとても大切です。その視点《してん》は、自分の中の「もう無理だ」という限界《げんかい》を取りはらったり、楽なほうへと流されていく自分をいさめてくれたりします。

健二さんはよく、「空の上から見たら国境《こっきょう》や壁《かべ》なんてない。国境《こっきょう》だって人間が作ったものなんだぞ」と語っていたそうです。那須《なす》の小さなパン屋でパ

ンを作りながら、いつも大きな目で世の中を見ていたのです。

「パン職人《しょくにん》」と「新聞記者」

秋元さんが、高いところからの視点《してん》を大事にしてきた理由はもう一つあります。じつは、パン職人《しょくにん》であると同時に、嘱託《しょくたく》（正式な社員ではないが、能力《のうりょく》などを見込《みこ》まれ、たのまれて働くこと）で新聞記者の仕事をしてきました。二つのまったくちがう仕事をするようになったのも、もともとは健二さんがきっかけでした。

まだ秋元さんが小さな子どもだったころ、近所の高校に通う男子生徒が「パンの耳をゆずってください」とやってきました。その高校生は貧《まず》しい家庭に育ち、いつもおなかをぺこぺこにすかせていたそうです。秋元パン店では、サンドイッチを作ったあとに出るパンの耳を袋《ふくろ》にたくさん入れて、ほしい人に分けていました。

健二さんはその高校生と話すうちに気に入って、「うちに住みこんで、パン屋の手伝いをしながら学校に通わないか」と提案《ていあん》し、いっしょに暮《く》らすことになりました。おさなかった秋元さんは、少し年の離《はな》れたお兄さんができたようで、とてもうれしかったそうです。

その高校生は勉強もよくできたので東京の大学に行き、卒業後は新聞社に就職《しゅうしょく》しました。後に秋元さんが大学に進学したときには、東京でいろいろなめんどうを見てくれました。その人が新聞記者として事件現場《じけんげんば》などに通い、忙《いそが》しそうに走り回っているのを見て、新聞記者の世界にあこがれました。

秋元さんは大学卒業後、パン屋をつぐために那須《なす》にもどりましたが、栃木《とちぎ》県内など、近くで事件《じけん》や事故《じこ》が起きると、新聞記者のお兄さんからたびたび連絡《れんらく》が来ました。地元のことならよく知っているし、好奇心《こうきしん》もたっぷりある

ので、たのまれればよろこんで動き、
いろいろな状況《じょうきょう》を報告《ほうこく》しました。
　そのうち、パン屋の仕事をしながら、
新聞社の手伝いをするようになりました。
当時は健二さんが社長だったので、
秋元さんは時間があったのです。
パン屋も今ほど忙《いそが》しくなくて、
のんびりしていたのでしょう。
　昭和六十二年ごろ、昭和天皇《しょうわてんのう》が
体調をくずされると、那須《なす》の御用邸《ごようてい》で
静養されることがふえました。
新聞社では「那須《なす》にも記者が必要だ」
ということになり、その仕事を秋元さんが

引き受けることになりました。このときは手伝いではなく、嘱託《しょくたく》記者となって、原稿《げんこう》の書き方や写真の撮影《さつえい》方法も習って仕事をしました。

新聞記者は、世の中で起きていることをよく見る仕事です。何かが起きれば取材に行って現場《げんば》で話を聞き、情報《じょうほう》を集める行動力も必要です。

お父さんから受けつぎ、メディアの仕事をしながら身につけた「空から大《たい》局的《きょくてき》に物事《ものごと》を見る」という広い視点《してん》。取材でつちかった行動力と情報収集《じょうほうしゅうしゅう》力《りょく》。これらが、今の秋元さんの土台となっているのです。

家族のリレーは続く

秋元さんが、社長として経営《けいえい》を本格的《ほんかくてき》に受けついだのは、パンの缶詰《かんづめ》を開発した四年後の二〇〇〇年（平成12）です。

「ぼくは、リレーで言えば第二走者。創業者《そうぎょうしゃ》の夢《ゆめ》を進化させていけたらいいなあと思って仕事をしてきました」

秋元さんは、今もたびたび父の言葉を思い出します。

「パンを通して、アジアに日本の技術《ぎじゅつ》と文化を伝えたい」

「戦争経験者《けいけんしゃ》としてつぐないをしたい」

戦前から戦中にかけて、健二さんは飛行機に乗ってアジア中を回っていました。健二さんは当時のことを多くは語ってはいません。でも、つぐないをしたいと思うほどのことを、日本はしてきたということです。

「アジアの人たちに申《もう》し訳《わけ》ないことをした、といつも親父《おやじ》は言っていました。そこには、クリスチャンの精神《せいしん》も流れていたと思います」と秋元さんは言います。

秋元さんが大学生のころから、健二さんは「パンの技術《ぎじゅつ》を学びたいというアジアの青年がいれば、うちに呼《よ》びたい」と話していました。パン屋としてある程度《ていど》の成功をおさめていた健二さんの思いは、アジアに向かっていたのです。「パンを焼く技術《ぎじゅつ》を身につけさせて、中古の機械を持たせて母国に帰してあげたい」と。

しかし、そのような構想《こうそう》を話しても、たいていの人が「実現《じつげん》は無理だ」と言いました。今でこそ、外国人を受け入れる研修制度《けんしゅうせいど》が整い、多くの外国人が日本でさまざまな職業《しょくぎょう》についていますが、当時はそんな制度《せいど》はありませんでした。

大手企業《きぎょう》には外国人の研修《けんしゅう》を行う会社もありましたが、秋元パン店のような小さな企業《きぎょう》で受け入れることは、認《みと》められなかったのです。

そんな創業者《そうぎょうしゃ》の思いを受けついで、秋元さんは二〇一三年にベトナム人研《けん》修生《しゅうせい》を受け入れました。5章でくわしく紹介《しょうかい》しますが、海外で初めての店もベトナムにオープンしました。

「ベトナム出店の言い出しっぺはぼくですが、将来性《しょうらいせい》のある仕事なので、息子にまかせました。会社のあとつぎが、息子になるのか、別の社員になるのか、今はまだわかりませんが、父が作った会社を長く続けていきたいんです。

人間は、長生きしても百年。でも、会社は二百年や三百年続いているところがある。和菓子《わがし》の虎屋《とらや》さんは、もう五百年も続いています。前の代と同じことをやっていたらたぶん行き詰《づ》まってしまうでしょう。時代の変化に対応《たいおう》しながら進化し続ける会社が、生き残っていけると思うんです」

秋元さんは、つぎの走者へバトンをわたすときを意識《いしき》しながら、変化をおそれず全力で走り続けています。

4章

世界にパンを届《とど》ける「救《きゅう》缶《かん》鳥《ちょう》プロジェクト」

缶詰《かんづめ》の賞味期限《きげん》が切れるとき

テレビなどの報道《ほうどう》でパンの缶詰《かんづめ》が広く知られるようになると、個人《こじん》のお客さんだけでなく、企業《きぎょう》や学校や市町村からの注文がふえてきました。災害《さいがい》用の備蓄食《びちくしょく》として大口で買ってくれるようになったのです。すると、こんどは別の問題が起こりました。

ある日、缶詰《かんづめ》をおさめていたK市の市役所から電話がかかってきました。

「賞味期限《きげん》が近いので、新しい缶詰《かんづめ》を買って入れ替《か》えますよ。そのかわり、古いものは処分《しょぶん》してもらえませんか」

受話器の向こうから聞こえてくる声に、秋元さんは耳をうたがいました。〝処分《しょぶん》〟という言葉が、とてもショックだったのです。入れ替《か》える数は、なんと五千缶《かん》。

「賞味期限《きげん》が切れる前なら、市民や職員《しょくいん》に配って食べてもらえばいいのではいきませんか」と提案《ていあん》しましたが、「税金《ぜいきん》で購入《こうにゅう》したものを、勝手に食べるわけにはいきません」という答えが返ってきました。なんとも頭の固い、ゆうずうのきかない返事です。とはいえ、五千缶《かん》もの大量の缶詰《かんづめ》は、市役所では配りきれないのかもしれません。

また、ある調査《ちょうさ》では、賞味期限《きげん》が切れる直前の缶詰《かんづめ》をもらっても、ほとんどの人が捨《す》ててしまうという結果が出ています。もらってもすぐに期限《きげん》がきてしまい、期限《きげん》をすぎると食べたくないのでしょう。

パンの缶詰《かんづめ》の賞味期限《きげん》は三年です。これは、おいしく食べられる期限《きげん》が三年ということ。その日を数日すぎたからといって、すぐに味が落ちたり、食べられなくなったりするわけではないのです。けれども、賞味期限《きげん》がすぎてしまった缶詰《かんづめ》は、人にあげるわけにはいきません。

さらに秋元さんをなやませたのは、期限《きげん》切れの缶詰《かんづめ》を大量に処分《しょぶん》すると「産業廃棄物《さんぎょうはいきぶつ》」のあつかいになってしまうことでした。捨《す》てるだけでもつらいのに、さらに特別な料金がかかるというのです。

調べてみると、処分料《しょぶんりょう》は一缶《かん》七十〜八十円になるとわかりました。パンの缶詰《かんづめ》は「缶《かん》」「紙」「パン」の三種類に分類しなければならないので、値段《ねだん》が高いのです。つまり、五千缶《かん》を処分《しょぶん》するのにかかる費用は、三十五万〜四十万円。秋元さんの頭に、ますます大きな疑問《ぎもん》がわき起こりました。

「ぼくらは食べてもらうために、愛情《あいじょう》をこめてパンを作っているんです。捨《す》てるために作っているんじゃないのに……」

結局、古い缶詰《かんづめ》はK市の中でなんとかしてもらうことになりましたが、そのことは秋元さんの心から離《はな》れませんでした。どんな理由であっても、パンが捨《す》てられてしまうのを、見すごすことはできません。そして、結果的に捨《す》てるものを作ってしまったことへの罪《つみ》の意識《いしき》も感じました。

どうすれば、作った缶詰《かんづめ》を無駄《むだ》にせずにすむだろう――。それが秋元さんのつぎの課題となりました。

世界にやさしさを届《とど》ける

二〇〇四年十二月、インドネシアのスマトラ島沖《とうおき》で地震《じしん》が起こりました。津波《つなみ》で家を流された人や、大切な人を失った人たち。多くの人が苦しんでいる様子がニュースで伝えられていました。

その数日後、スリランカで日本語学校の先生をしている知り合いから連絡《れんらく》が入ります。

「こっちには食料が何もないんだ。アキモトには売れ残ったパンの缶詰《かんづめ》があるだろう？　送ってくれないかな」

ところが二か月前の新潟県《にいがたけん》中越《ちゅうえつ》地震《じしん》で、ありったけの缶詰《かんづめ》をかき集めて新《にい》潟《がた》に送ったばかり。注文もふえているため、売れ残りなどありません。それでもなんとか、中古の缶詰《かんづめ》を数千缶《かん》集め、毛布《もうふ》といっしょにスリランカへ送ることができました。

　そのとき、秋元さんは気づいたのです。

「そうか！　賞味期限《きげん》が切れる前であれば、新品じゃなくてもいいんだ」

　災害《さいがい》は、日本だけでなく世界各地で起こっています。また、世界中を見わたしてみると、飢《う》えに苦しむ人もおおぜいいます。

　日本は豊《ゆた》かなので、ふだんの日に缶詰《かんづめ》のパンを食べるという発想はありません。また、非常食《ひじょうしょく》として蓄《たくわ》えておくので、「賞味期限《きげん》が近づいたものは古い」とか、「賞味期限《きげん》がすぎたら捨《す》てる」とい

うことになるのです。

でも世界には、このパンが目の前にあれば「今すぐ食べたい」という人はたくさんいるはずです。「そういう場所に送れば、賞味期限《きげん》が残り少なくてもよろこんで食べてもらえるかもしれないぞ」と秋元さんは思いました。

じつは、パンの缶詰《かんづめ》が完成したときから、パン・アキモトでは飢《う》えに苦しむ人への支援《しえん》を続けていました。ただしそれは、缶詰《かんづめ》ではなくお金の支援《しえん》でした。缶詰《かんづめ》を送りたい気持ちはあったのですが、どこに送ればよいかがわからなかったし、ふつうに海外に輸出《ゆしゅつ》をすれば関税《かんぜい》がかかります。そのため、お金を寄付《きふ》することにしたのでした。

「一缶《かん》作るごとに一円を寄付《きふ》して、飢餓地域《きがちいき》の子どもたちを救おう」と言ったのは、創業者《そうぎょうしゃ》の健二さんでした。そして、この寄付《きふ》を通してつながったのがキリスト教精神《せいしん》にもとづく「日本国際飢餓対策機構《こくさいきがたいさくきこう》」というNGO（民間国際協力団体《こくさいだんたい》）です。

日本国際飢餓対策機構《こくさいきがたいさくきこう》は、アジア、アフリカ、中南米などの開発途上国《かいはつとじょうこく》で、飢餓《きが》の問題を解決《かいけつ》するために活動しています。現地《げんち》の人や、現地《げんち》の政府《せいふ》と協力し合っているので、物資《ぶっし》を送るとき関税《かんぜい》がかからないようにすることも可能《かのう》だとわかりました。秋元さんたちは、このNGOと連携《れんけい》を取りながら、パンの缶詰《かんづめ》を海外に送るようになりました。

そこで考えたのが、つぎのような仕組みです。

パンの缶詰《かんづめ》の賞味期限《きげん》は三年。企業《きぎょう》や学校や自治体など、大口のお客さんの多くは、期限《きげん》が切れるとまた買ってくれるリピーターです。どこが何缶購《かんこう》入《にゅう》したかのデータも残っています。

通常《つうじょう》なら三年後に買い替《か》えとなりますが、期限《きげん》が切れる一年前に声をかけ、新しい缶詰《かんづめ》を届《とど》けて古い缶詰《かんづめ》を回収《かいしゅう》することにしたのです。そして、新しい缶詰《かんづめ》は少し値引《ねび》きもします。

お客さんのもとには備蓄食《びちくしょく》としてパンの缶詰《かんづめ》がつねにあり、賞味期限《きげん》の近い缶詰《かんづめ》は海外の困《こま》っている人に届《とど》けられる。これでパンを捨《す》てることがなくなるし、みんなが少しずつよい気持ちになれる仕組みができたのです。

秋元さんは、「みなさんのやさしさを、困《こま》っている人たちに届《とど》けます」と語りながら、協力してくれる人をふやしていきました。

「自分たちの勝手な都合でやっていたとしたら、お客さんに応《おう》じてもらえなかったかもしれません。でも『やさしさを届《とど》ける』というメッセージがあったから、多くの人の共感を集め、賛同《さんどう》してもらえたのだと思います」

「救缶鳥《きゅうかんちょう》プロジェクト」の完成

この仕組みは、商品購入《こうにゅう》のリピーターをふやすことと、社会貢献《こうけん》を同時にできる画期的なシステムでしたが、お客さんは大口の販売《はんばい》先ばかりです。それではまだ不完全だと秋元さんは感じていました。

一般《いっぱん》の人も参加できるシステムを作りたい。家庭でも備蓄食《びちくしょく》としてパンの缶詰《かんづめ》を一箱購入《こうにゅう》してもらい、二年後に使わなかった分を回収《かいしゅう》できないか考えていました。

一番の問題は、一軒《けん》一軒《けん》の回収《かいしゅう》作業をどうするかでした。大口のお客さんの場合は自分たちでトラックを手配して、一度往復《おうふく》すればすみますが、個人《こじん》のお客さんは一箱二箱の小さな荷物になるので、全国にネットワークのある運輸《うんゆ》会社に協力してもらうほかありません。

正規《せいき》の料金を払《はら》えば、回収《かいしゅう》してもらえるのはわかっています。でもそんなことをしていると、お金がかかりすぎて損《そん》をしてしまいます。なんとか運送会社と上手に手を組まなくては！

どうしたらいいだろう。考えているうちに秋元さんの頭にうかんだのは、飛行機の正規運賃《せいきうんちん》のからくりでした。

みなさんは、飛行機の正規運賃《せいきうんちん》がどのように決まるか知っていますか？たとえば、東京の羽田《はねだ》空港から北海道の新千歳《しんちとせ》空港まで飛ぶと、大人の片道《かたみち》運賃《うんちん》は三万七千五百円です。これは、新千歳《しんちとせ》まで行った飛行機が、羽田《はねだ》に帰ってくるとき、乗客がだれも乗らなかったとしても損《そん》をしない額《がく》が設定《せってい》されています。

しかし実際《じっさい》は、カラの飛行機が飛ぶことはほとんどありません。帰りの便も乗客をたくさん乗せて飛んでいきます。だからわたしたちは、早割《はやわり》や特割《とくわり》などの割引《わりびき》料金で安く乗ることができるのです。

宅配便《たくはいびん》も同じような仕組みで、帰りのトラックがカラになっても損《そん》をしない料金が設定《せってい》されています。荷物を運んできたトラックは、必ず会社や営業所《えいぎょうしょ》にもどります。そこに荷物を乗せても困《こま》ることはないはずです。そう思いついた秋元さんは、さっそく大手の運輸《うんゆ》会社の那須支店《なすしてん》に話をしに行きました。

「那須《なす》から東京まで、パンの缶詰《かんづめ》一箱を運ぶと八百円。この八百円に少しプラスして支払《しはら》うので、帰りのトラックで荷物を回収《かいしゅう》してもらえませんか。おろした荷物のスペースに乗せるだけなので損《そん》はしないし、これは困《こま》っている人に届《とど》けるパンなので、少しでも安くなると助かります」

運輸《うんゆ》会社の担当者《たんとうしゃ》は、その提案《ていあん》をおもしろがってくれました。そして「これは那須《なす》だけではなく、全国に広げるべきだ」と、関東の責任者《せきにんしゃ》、全国の責任者《せきにんしゃ》へと、つぎつぎに紹介《しょうかい》してくれました。

最後は運輸《うんゆ》会社の担当者《たんとうしゃ》が、缶詰《かんづめ》を運ぶ

ための枠組《わくぐ》みを考え、プレゼンテーションを行って大成功。運輸《うんゆ》会社とパン・アキモトは、自分たちが持っている技術《ぎじゅつ》と力を提供《ていきょう》し合い、社会のために役立てる約束を交わしました。

全国から回収《かいしゅう》されたパンの缶詰《かんづめ》は、大阪《おおさか》にあるパン・アキモトの関西営業《えいぎょう》所《しょ》に集められています。そこで、傷《きず》やいたみがないかすべての缶詰《かんづめ》の検品《けんぴん》をしたあと、同じビル内にある日本国際飢餓対策機構《こくさいきがたいさくきこう》へと手わたされ、行き先が決まります。大阪《おおさか》には港があるので、ここで船に積みこまれて海外へと運ばれていきます。

非常食《ひじょうしょく》を備《そな》えることで、世界中の飢《う》えで苦しんでいる人たちを救うこの活動は、「救缶鳥《きゅうかんちょう》プロジェクト」と名付けられました。缶《かん》に入ったおいしいパンが、鳥のように世界中へ飛んでいくイメージです。

プロジェクトが本格的《ほんかくてき》に動き出したのは、二〇〇九年九月九日。

創業者《そうぎょうしゃ》の健二さんがえがいた「飢餓地域《きがちいき》の子どもたちを救いたい」という

「救缶鳥《きゅうかんちょう》」プロジェクトのしくみ

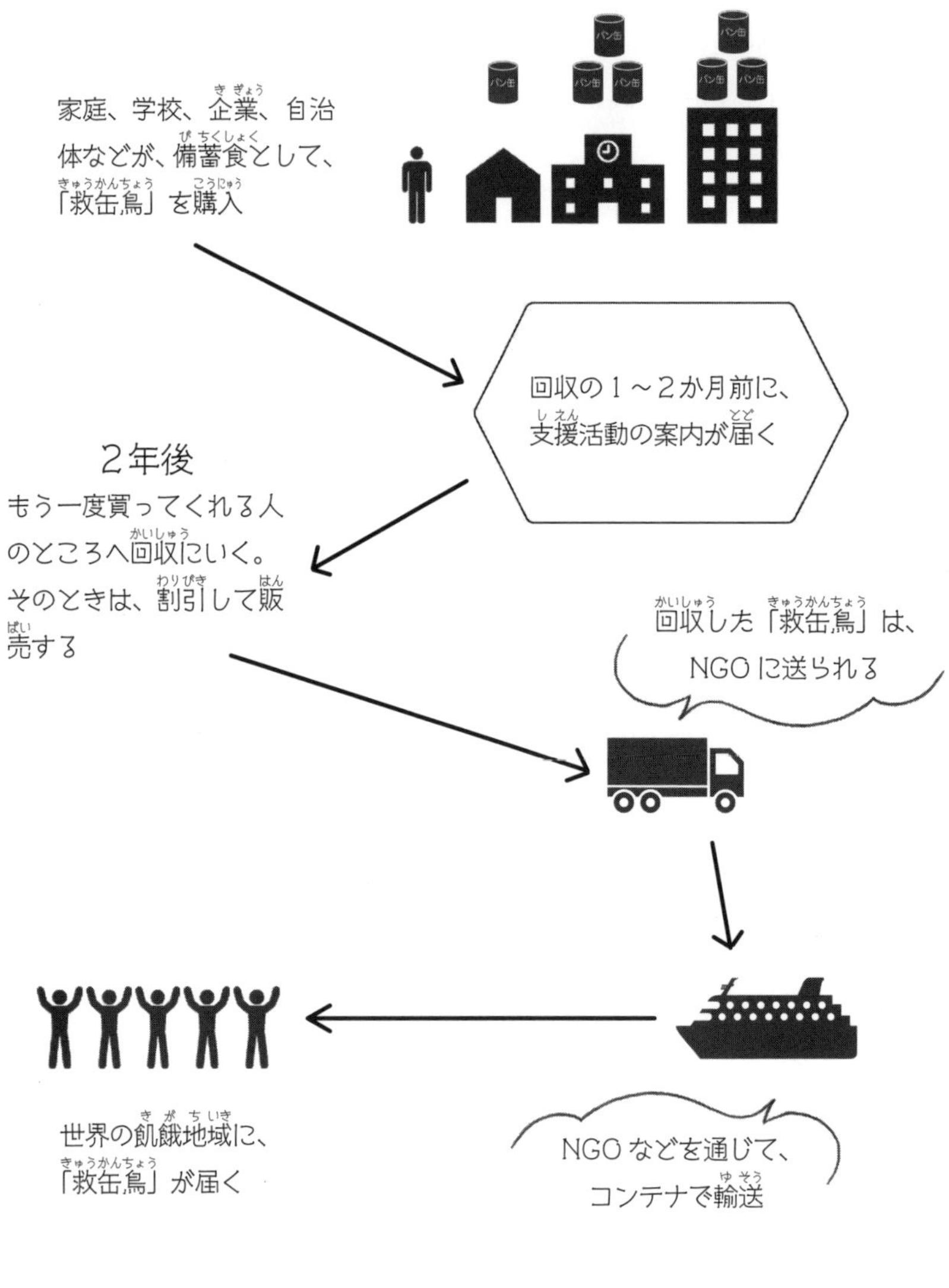

夢《ゆめ》は、息子の秋元さんによって具体的に動き出し、いくつもの困難《こんなん》を乗り越《こ》えて、実現《じつげん》しました。これまで世界各国にはばたいて行った救缶鳥《きゅうかんちょう》の数は約二十二万缶《かん》。今ではパン・アキモトが販売《はんばい》するパンの缶詰《かんづめ》の三十パーセントが、救缶鳥《きゅうかんちょう》として海外に届《とど》いています。

缶詰《かんづめ》にメッセージをのせて

救缶鳥《きゅうかんちょう》プロジェクトは、個人《こじん》でも団体《だんたい》でも関われますが、その中でもユニークな取り組みを紹介《しょうかい》しましょう。

愛知県名古屋市にある金城学院《きんじょうがくいん》中学校・高校では、入学と同時に救缶鳥《きゅうかんちょう》を生徒一人につき二缶《かん》ずつ購入《こうにゅう》しています。一缶《かん》は自分のため、一缶《かん》は災害《さいがい》が起きて学校が避難所《ひなんじょ》になった場合の、近隣《きんりん》の人のためです。

救缶鳥《きゅうかんちょう》の賞味期限《きげん》は三年なので、ふつうは二年後に回収《かいしゅう》しますが、中学校と高校なので、回収《かいしゅう》は卒業間近の二年八か月後に行います。一年生の五月に購入《こうにゅう》した缶詰《かんづめ》を、三年生の一月に回収《かいしゅう》するのです。そのぶん賞味期限《きげん》は残り少なくなりますが、学校の場合はきちんと管理されていて、回収《かいしゅう》する数が早めにわかり、日本国際飢餓対策機構《こくさいきがたいさくきこう》でもすぐに海外へ送れるよう事前に送り先などを準備《じゅんび》して待ち受けるので、この日程《にってい》が可能《かのう》になっています。また、最近では国内の被災地《ひさいち》へ送られることもあります。

金城学院《きんじょうがくいん》は、一学年が三百二十人で、先生方の分もふくめて三百五十人。つまり一年で七百缶《かん》を購入《こうにゅう》します。中学校と高校を合わせると、毎年最大千四百缶《かん》が回収《かいしゅう》される予定です。ただし缶詰《かんづめ》の持ち主は生徒なので、海外に送るかどうかは一人ひとりが決めています。一缶《かん》は自分で食べたいという人もいるし、二缶《かん》とも海外にプレゼントすることを選ぶ人も多くいます。

救缶鳥《きゅうかんちょう》の缶詰《かんづめ》には、生徒たちが缶《かん》の側面に思い思いのメッセージを書き込《こ》

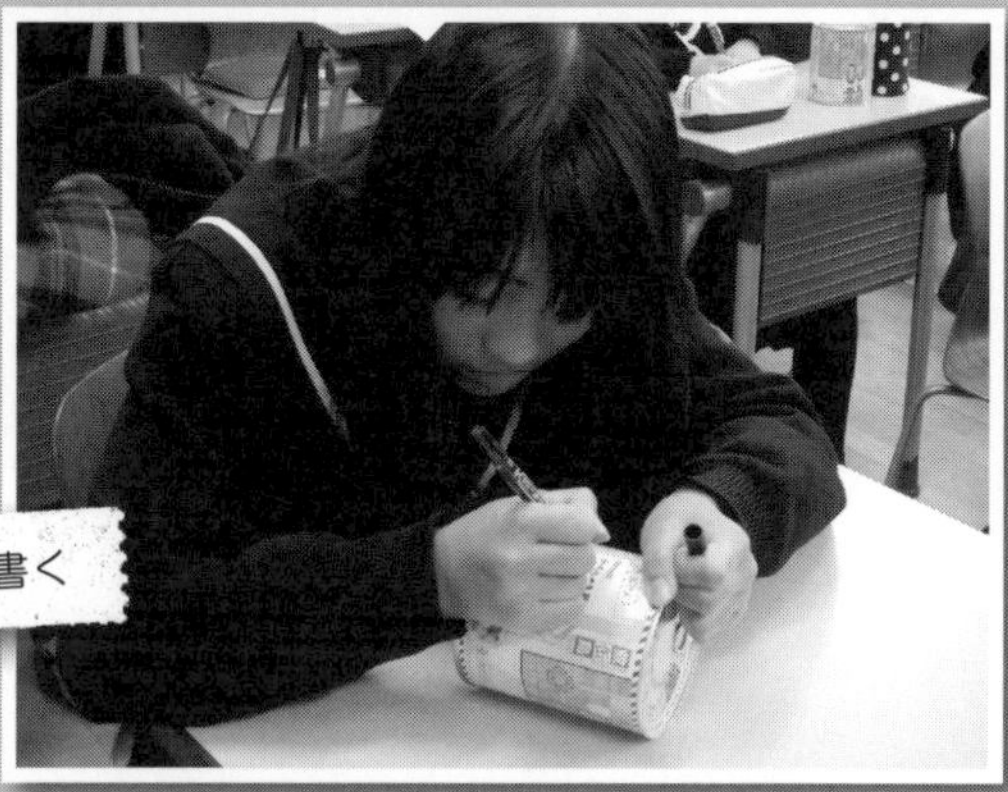

心をこめてメッセージを書く

金城学院《きんじょうがくいん》での 取り組み

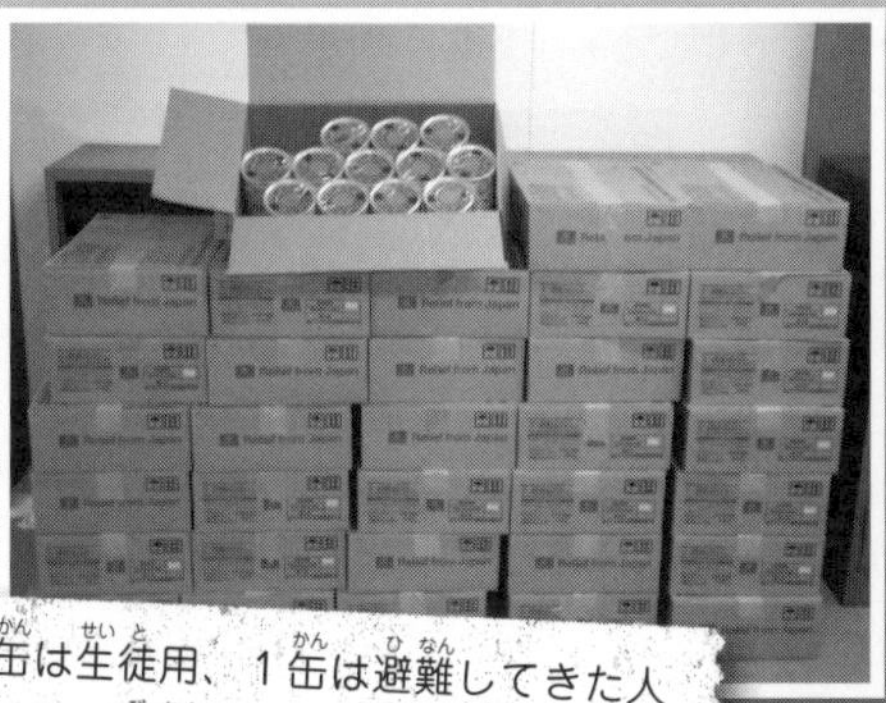

1缶《かん》は生徒《せいと》用、1缶《かん》は避難《ひなん》してきた人のために備蓄《びちく》している

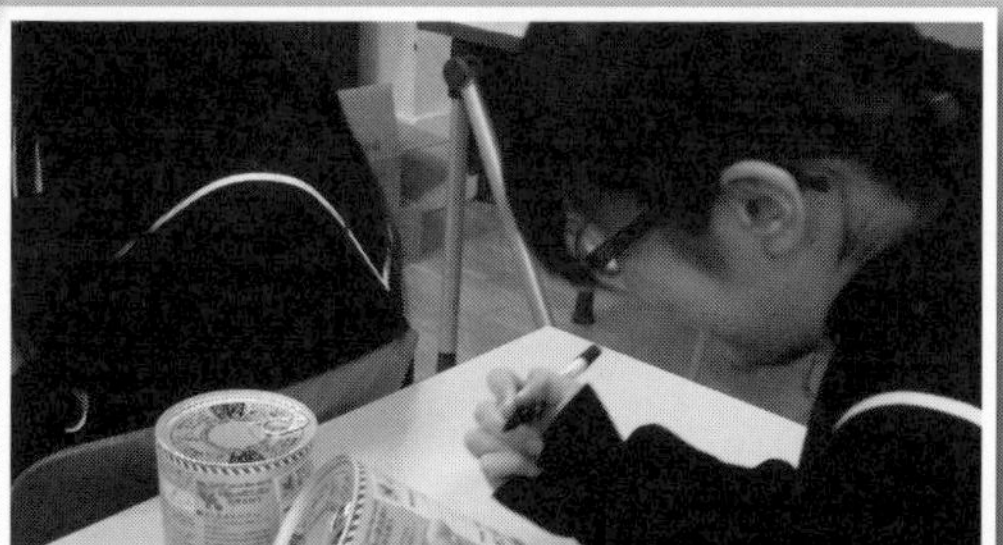

寄付《きふ》をするかは、生徒《せいと》の自由

んでいます。

「Happiness is in a can.（幸せの缶《かん》だよ）」

「I wish you a happy day!（ハッピーな一日をすごしてね）」

「福島のみなさんに　愛知県から元気をお届けします!!」

「つらい事も　のりこえて　いつも笑顔で」

こうした温かい思いが、世界や日本のさまざまな土地に届《とど》けられています。

「地球上では、一分間に十七人の子どもが飢餓《きが》で亡《な》くなっています。だから、どこの国にいつ送ってもいいんですよ。でも、ちゃんと届《とど》けるためには、責任《せきにん》を取れる人がいる場所でなければいけない。荷物が止められたり、必要な人に届《とど》かなかった経験《けいけん》もあるので、そこは注意しています。今は、日本国際《こくさい》飢餓対策機構《きがたいさくきこう》のほかに、北越紀州製紙株式会社《ほくえつきしゅうせいしかぶしきがいしゃ》も大きなルートです」と秋元さんは言います。

北越紀州製紙《ほくえつきしゅうせいし》は、紙を作るメーカーです。あるとき、秋元さんの息子の信彦《のぶひこ》さんが北越紀州製紙《ほくえつきしゅうせいし》のＣＳＲ（企業《きぎょう》の社会的責任《せきにん》）の担当者《たんとうしゃ》と出会い、救缶鳥《きゅうかんちょう》プロジェクトの話をしたところ「自分たちも応援《おうえん》したい」と言ってくれました。

この会社では、紙を作る材料のパルプチップをアフリカから船で輸入《ゆにゅう》していいます。日本でチップを下ろした船は、帰りにはスペースがあくので、救缶鳥《きゅうかんちょう》を乗せてもらうことになりました。北越紀州製紙《ほくえつきしゅうせいし》は南アフリカ北部の小さな国、エスワティニ（旧《きゅう》スワジランド）の学校支援《しえん》もしているので、救缶鳥《きゅうかんちょう》の多くはその学校に通う子どもたちに届《とど》けられています。

ほかにも、上智大学《じょうちだいがく》では、学生や職員《しょくいん》のためにたくさんの救缶鳥《きゅうかんちょう》を購入《こうにゅう》。二年後には、上智大学《じょうちだいがく》とつながりのあるカンボジアやタイなどに、救缶鳥《きゅうかんちょう》を届《とど》けています。

秋元さん自身も、ＮＧＯの人とともに救缶鳥《きゅうかんちょう》を持ってたびたび外国を訪《おとず》れています。そのときは必ず写真などを撮《と》ってホームページにのせ、救缶鳥《きゅうかんちょう》プロジェクトに登録している人に「救缶鳥《きゅうかんちょう》通信」を送って報告《ほうこく》をします。

「むかしから災害《さいがい》などが起きるたびに、寄付《きふ》をしてきましたが、そのお金がどのような形で役立っているのかわからなかったし、いったい何に使われているのか疑問《ぎもん》でした。せっかく自分が関わるのだから、支援《しえん》の『見える化』をしたいと思ったんです」

ＮＧＯや北越紀州製紙《ほくえつきしゅうせいし》や上智大学《じょうちだいがく》の人たちにも、海外で救缶鳥《きゅうかんちょう》を配ったときの写真や情報《じょうほう》を必ず送ってもらい、救缶鳥《きゅうかんちょう》通信やそれぞれのホームページで報告《ほうこく》してもらうようにしています。無事に届《とど》いた証拠《しょうこ》になるからです。

「プロジェクトに参加した人は、『自分たちの缶《かん》が、世界に届《とど》いて役立った』と思うでしょう。それによって『ちょっといいことができた』とか『また、続けてみたいな』と感じてもらいたいんです」と秋元さんは語ります。

自分の手で届《とど》けて感じたこと

秋元さんが今まで訪問《ほうもん》した国は、ケニア、フィリピン、ハイチ、バヌアツなど約十か国。

それぞれの国で、学校や母子健康センターなど、子どもたちのいる場所をたずねてきました。どこの国でも子どもたちは、はじめは見知らぬおじさんの差し出す缶詰《かんづめ》におっかなびっくり。しかし、缶《かん》を開けてパンをちぎって食べてもらうと、みんながパッとかがやくような笑顔になります。その様子を見るたびに「来てよかった。この活動を続けなければ」と秋元さんは思うのです。

「子どもたちに『一缶《かん》ずつあげるね』と缶詰《かんづめ》をわたしても、すぐには食べません。これは、多くの国に共通のことなんです。なぜかというと、家で待っている兄弟がいるから。おなかがぺこぺこなんだから、その場で食べちゃえばいいのに、大切に持って帰るんです。家族や自分のまわりにいる人のことを考えているんですよね。思いやりの心はすごいなと思います」

ケニアでおとずれた母子健康センターでは、こんなこともありました。

「栄養状態《じょうたい》が悪くてやせ細り、元気のない子どもが、お母さんに抱《だ》かれていました。その子は、お医者さんが出した栄養食品は食べられなかったのに、このパンを食べてくれたんですよ。本当にうれしかったなあ」

食べものの文化は世界各地でちがうので、缶詰《かんづめ》なら何でも持って行っていいわけではありません。たとえば、日本のサンマやサバの味噌煮《みそに》などの缶詰《かんづめ》を持って行っても、おそらくアフリカの人には受け入れてもらえないでしょう。

でも、パンだから世界中の人に通用するのだと、秋元さんは実感しています。

「ぼくらが作っているのは、ケーキみたいな甘《あま》くてやわらかいパンです。おいしすぎると言われることもあるけれど、あえてそういう甘《あま》いパンを作っているんです。今の子どもたちはしょっちゅうケーキを食べていますが、日本も数十年前までは、年に一度クリスマスくらいしか食べられませんでした。その日をみんなが心待ちにしていたんです。

今、食べるものがなくて困《こま》っている人にも、命のともしびが消えかかっている人にも、『甘《あま》くておいしいなあ』と思う瞬間《しゅんかん》を味わってほしい。一瞬《いっしゅん》でもよろこんでもらえたら、パン職人《しょくにん》として作ったかいがあります」という秋元さん。

フィリピンの学校に行ったときには、子どもたちが「イエスタデイズドリーム（きのうの夢《ゆめ》）」という歌をうたってくれました。最初は一人の子どもの歌声でしたが、だんだんいっしょに歌う子どもたちがふえて、やがてみんなの合唱になりました。

この歌はフィリピンの国民的な歌で、みんなが知っているそうです。秋元さんは子どもたちの合唱をききながら、思わず涙《なみだ》がこぼれました。

「最初に歌い始めた女の子は、目が見えない子でした。『わたしは目が見えないけれど、日本からたくさんのパンを送ってもらったことがわかる。日本の子どもがメッセージを入れて送ってくれたんですよね』って。〝ぼくらはきのうの夢《ゆめ》の実現《じつげん》、ぼくらは未来の約束〟という歌詞《かし》からは、いろいろな人の応援《おうえん》があるから夢《ゆめ》を実現《じつげん》できることや、感謝《かんしゃ》の気持ちが伝わってきました。現地《げんち》に行かなければ味わえない、すばらしい体験でしたね」

海外の貧《まず》しい地域《ちいき》をおとずれると、「暴動《ぼうどう》が起きるかもしれない」とか「テロ集団《しゅうだん》がいる危険《きけん》がある」と言われることもあります。支援《しえん》に行っているのに自分の食べるものがなくて、持って行ったパンの缶詰《かんづめ》をかじるときもある。それでも秋元さんは、たった一人でも子どもが笑顔になれば、「パンを作ってよかった。この活動を続けてよかった」と思うのです。

入口から出口までしっかり見る

あるとき、「缶詰《かんづめ》を海外に持って行くと、缶《かん》がゴミになるのでは」と、批《ひ》判《はん》を受けたことがありました。そういう批《ひ》判《はん》や意見は、仕事に生かすチャンスです。

ゴミにならないように、缶《かん》を開けたあとも使えるものにしよう。ふたの切り口で手や口をケガすることがないよう、安全に工夫された缶《かん》を使い、食べたあともコップや食器として使えるようにしました。これなら口をつけても大丈夫《だいじょうぶ》。震災《しんさい》直後などの、食器を使えないときにも便利です。

くりかえし使ってサビが出てしまった場合は、鉄のリサイクルもプログラムの中に入れています。サビて穴《あな》があいてしまった缶《かん》は、十缶《かん》集めて現地《げんち》の廃品回収業者《はいひんかいしゅう》に持って行けば、わずかですがお金になるよう提案《ていあん》をしてみました。子どもたちが集めれば、おこづかいになります。

パンを作って、最後は缶《かん》のリサイクルまで。このプロジェクトは、入口から出口までをトータルで見ています。

「いろいろな批判《ひはん》をされると、くやしいんですよ。でも批判《ひはん》が出てくるということは、まだ改善《かいぜん》できるということ。『こういう出口を用意していますよ』と答えられるように、情報《じょうほう》発信をしていかなければいけないと思っています」

また、批判《ひはん》ではありませんが、救缶鳥《きゅうかんちょう》プロジェクトを利用しているお客さんの声から生まれたものに、「リマインダーサービス」があります。備《び》蓄《ちく》用食料の賞味期限《きげん》が近づいていることをメールで知らせる無料サービスで、最大九品目まで登録することができます。たとえば、水やアルファ米など、パンの缶詰《かんづめ》に関係ないものでも、登録さえすれば自動でお知らせが届《とど》くのです。

備蓄《びちく》した食料を、うっかりわすれることなく、使いきるためのリマインダーサービス。「食べものを無駄《むだ》にしない」という救缶鳥《きゅうかんちょう》の精神《せいしん》が宿ったシステムです。

海外の子どもたちに「救缶鳥《きゅうかんちょう》」を届《とど》ける

エスワティニ（旧《きゅう》スワジランド）

ケニアの小学校

イラン

フィリピンの小学校

フィリピンの子どもたち

「救缶鳥《きゅうかんちょう》プロジェクト」などを通じて、
パンの缶詰《かんづめ》を送った国 （2004～2016年）

イラン、イラク、インドネシア、スリランカ、フィリピン、ジンバブエ、バングラデシュ、台湾《たいわん》、ハイチ、タイ、コートジボワール、タンザニア、ケニア、エスワティニ（旧《きゅう》スワジランド）、ネパール、バヌアツの計 16 ヵ国

届《とど》けた缶詰《かんづめ》の総数は、**21 万 6638 缶《かん》！**

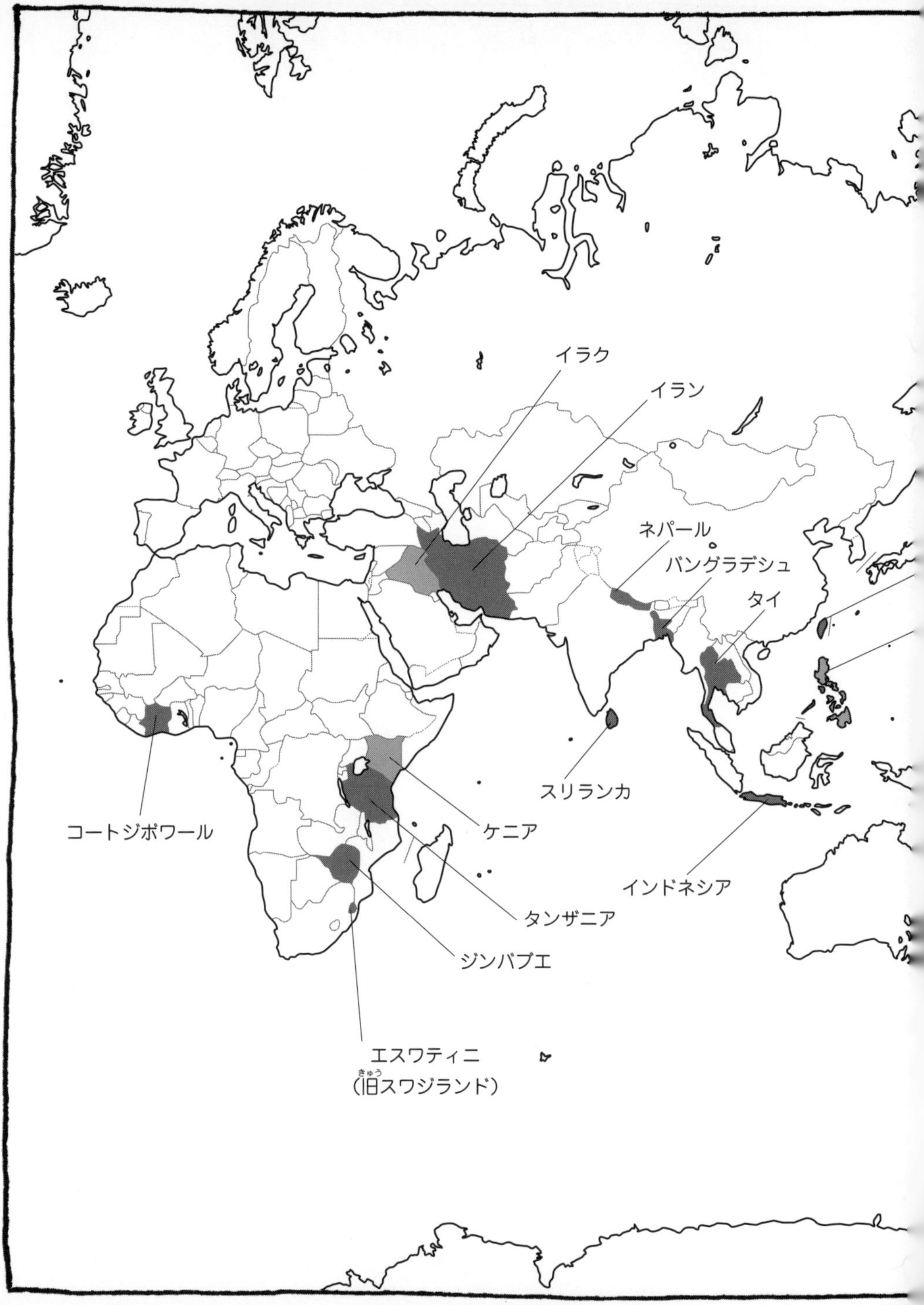

イラク
イラン
ネパール
バングラデシュ
タイ
スリランカ
コートジボワール
ケニア
インドネシア
タンザニア
ジンバブエ
エスワティニ
(旧《きゅう》スワジランド)

世界に届《とど》けられたパンの缶詰《かんづめ》&救缶鳥《きゅうかんちょう》リスト

2004年	1月	イラン（大地震《だいじしん》）……100缶《かん》
	4月	イラク陸上自衛隊支援《りくじょうじえいたいしえん》……1,200缶《かん》
2005年	1月	インドネシア（スマトラ島沖地震《とうおきじしん》）……1,000缶《かん》
	1月	スリランカ（スマトラ島沖地震《とうおきじしん》）……1,000缶《かん》
	3月	フィリピン（地滑《じすべ》り）……14,000缶《かん》
2006年	5月	ジャワ島（ジャワ島《とう》中部地震《じしん》）……1,000缶《かん》
2007年	10月	ジンバブエ……救缶鳥《きゅうかんちょう》50,000缶《かん》
	11月	バングラデシュ（大型台風）……3,000缶《かん》
2008年	3月	フィリピン・ミンドロ島（台風・洪水《こうずい》）……15,000缶《かん》
2009年	8月	台湾《たいわん》（台風・豪雨《ごうう》）……2,400缶《かん》
2010年	3月	ハイチ（大地震《だいじしん》）……30,000缶《かん》
2011年	11月	タイ（洪水《こうずい》）……6,400缶《かん》
2012年	12月	ジンバブエ……3,000缶《かん》
2013年	1月	フィリピン（台風・豪雨《ごうう》）……7,400缶《かん》+救缶鳥《きゅうかんちょう》225缶《かん》
	3月	コートジボワール……1,920缶《かん》+救缶鳥《きゅうかんちょう》1,110缶《かん》
	9月	タンザニア……2,376缶《かん》+救缶鳥《きゅうかんちょう》3,450缶《かん》
	11,12月	フィリピン（台風・豪雨《ごうう》）……救缶鳥《きゅうかんちょう》5,385缶《かん》
2014年	1月	フィリピン（台風・豪雨《ごうう》）……2,880缶《かん》+救缶鳥《きゅうかんちょう》3,375缶《かん》
	6月	ケニア……4,890缶《かん》
	11月	エスワティニ（旧《きゅう》スワジランド）……救缶鳥《きゅうかんちょう》7,200缶《かん》
2015年	4月	タンザニア（ザンジバル支援《しえん》）……1,392缶《かん》+救缶鳥《きゅうかんちょう》9750缶《かん》
	5月	ネパール（大震災《だいしんさい》）……3,120缶《かん》+救缶鳥《きゅうかんちょう》1,050缶《かん》
	6月	バヌアツ（台風）……救缶鳥《きゅうかんちょう》3,300缶《かん》
	11月	エスワティニ（旧《きゅう》スワジランド）……救缶鳥《きゅうかんちょう》16,455缶《かん》
2016年	12月	エスワティニ（旧《きゅう》スワジランド）……救缶鳥《きゅうかんちょう》5,250缶《かん》
		ハイチ……救缶鳥《きゅうかんちょう》8,010缶《かん》

（2016年末現在）

合計
21万6638缶《かん》！

5章 わらって楽しく仕事を続けよう

パン・アキモト、最大の危機《きき》！

秋元さんが、パンの缶詰《かんづめ》を完成させて二十年。そのあいだには、いいときもあったし、うまくいかないときもありました。

壁《かべ》にぶつかったときも自分で限界《げんかい》を作らず、あきらめなかった秋元さんですが、ただ一度「もうパン屋は続けられないかも……」と思った出来事があります。

それは、二〇一〇年の年末のこと。缶詰《かんづめ》のふたの内側にサビが出てしまい、大量の返品があったのです。

あわてて調べてみると、原因《げんいん》は塗料《とりょう》でした。缶《かん》のふたの製造《せいぞう》メーカーが使っていた塗料《とりょう》の乾燥《かんそう》が足りず、そのためにサビが出てしまいました。

缶《かん》などはメーカーから仕入れているので、元をたどればパン・アキモトのせいではありません。しかし、お客さんにしてみれば、そんなことは関係なく、「パン・アキモトの商品だから、アキモトの責任《せきにん》」となります。くやしいけれど、仕方ありません。

さらに調べてわかったのは、同じ時期、同じ塗料《とりょう》を使って製造《せいぞう》した缶詰《かんづめ》が、なんと十万缶《かん》にものぼること。つまり、十万缶《かん》のパンの缶詰《かんづめ》にサビが出ている可能性《かのうせい》があるというのです。

困《こま》りました。

秋元さんはまず、サビの出た缶《かん》を専門《せんもん》機関へ調査《ちょうさ》に出し、サビに毒性《どくせい》があるかないかを分析《ぶんせき》してもらいました。

すると、さわったくらいでは害はないことがわかりました。大量に口に入れば問題ですが、缶詰《かんづめ》のパンは紙に包まれているので、ふつうはサビを食べることもありません。保健所《ほけんじょ》でも「健康被害《ひがい》は起きない」と言ってもらって安心しました。

サビが出たものは交換《こうかん》すると表明していましたが、この出来事が新聞社に伝わって、さわぎが大きくなりました。よいことを知らせてくれるのもメディアですが、悪いことを知らせるのもメディアです。よくも悪くも影響《えいきょう》が大きいのです。

「大量の返品で会社の損害《そんがい》は大きかったし、新聞社が大げさに記事にしたので、信用も落ちてしまった。正直、会社がもうダメになると思いました。でも、この商品をここで終わらせてはいけない。細いクモの糸をたぐるように、自分にできることを探《さぐ》りました」と秋元さんは言います。

缶《かん》のふたの製造《せいぞう》メーカーが加入していた保険《ほけん》があったので、まず保険会社《ほけんがいしゃ》に行きました。しかし、保険《ほけん》がおりるのは食中毒やケガがあったときだけ。サビが出たくらいでは補償《ほしょう》できないと言われてしまいました。

しかし、「はい、そうですか」と、かんたんに引き下がる秋元さんではありません。人体に被害《ひがい》は出ていなくても、会社にとっては大きな損害《そんがい》です。なんとかならないだろうか。秋元さんは何度も保険会社《ほけんがいしゃ》に通いました。

すると、保険会社《ほけんがいしゃ》の人は「会社としては『イエス』とは言えませんが、顧問弁護士《こもんべんごし》が『イエス』と判断《はんだん》したら、考えてもいいですよ」と言って、弁護士《べんごし》を紹介《しょうかい》してくれました。保険会社《ほけんがいしゃ》には守らなければならないルールがありますが、例外もあるということでしょう。秋元さんは、弁護士《べんごし》のところに何度も足を運び、交渉《こうしょう》を続けました。

「今ここでわが社がダメになったら、パンの缶詰《かんづめ》が作れなくなります。この技術《ぎじゅつ》をつぶすわけにはいかないんです！」

弁護士《べんごし》の先生は、過去《かこ》にも似《に》たような事例で保険《ほけん》がおりたことを教えてくれて、つぎのように言いました。

「どこで、いくつ、だれに、缶詰《かんづめ》を売ったかわかりますか？　その人たちにどのような補償《ほしょう》をしますか？　それらをすべて提出《ていしゅつ》できるなら、保険金《ほけんきん》の支《し》払《はら》いを考えてもいいですよ」

すべてのデータを集められるか自信はありませんでしたが、秋元さんはすぐに答えました。

「大丈夫《だいじょうぶ》です！」

ようやくひとすじの希望が見えました。なんとしても、弁護士《べんごし》に提出《ていしゅつ》する書類《しょるい》を作るしかありません。生産ロットをさかのぼり、流通経路《けいろ》を調べ、データを集めました。個人《こじん》のお客さんまで特定はできませんが、大口の取引先や、デパートやホームセンターなどの卸《おろ》し先はすべてわかりました。また、新聞には、「回収《かいしゅう》します」という告知記事を出し、「お金で補償《ほしょう》する場合」「商品で補償《ほしょう》する場合」の金額《きんがく》の見積り書も作りました。

その後も二週間ほど弁護士《べんごし》のところに通ってアドバイスをもらい、ようやく約七千万円の保険金《ほけんきん》がおりることになりました。

トラブルは神さまの計画

ちょうどサビ問題が解決《かいけつ》しかけたころ、東日本大震災《ひがしにほんだいしんさい》が起こりました。失った信頼《しんらい》を回復《かいふく》しようと、缶《かん》の回収《かいしゅう》を始めたところだったので、パン・アキモトにとっては大きな打撃《だげき》でした。那須《なす》も大きくゆれて被害《ひがい》があり、営業《えいぎょう》できない日が続きました。

「缶《かん》の回収《かいしゅう》もしなきゃいけない、かわりの商品を出さなきゃいけない。そこに震災《しんさい》も起きてしまった。年末からのトラブルで弱りきっていたところに、ダブルパンチでした」と秋元さんは言います。

それでも震災《しんさい》後は、全国から集められた救缶鳥《きゅうかんちょう》を届《とど》けるため、被災《ひさい》した人をはげますため、秋元さんは社員といっしょに何度も東北の被災地《ひさいち》へと足を運びました。

那須《なす》の工場は生産できなくなりましたが、沖縄《おきなわ》工場からたくさんの缶詰《かんづめ》を出荷することができたのです。

一方で、会社の経営状態《けいえいじょうたい》を見ている妻《つま》の志津子《しづこ》さんは、不安に思っていました。

「いくら会社がきびしい状態《じょうたい》でも、『困《こま》っている人がいるのなら』と、社長は被災地《ひさいち》へ行ってしまうんです。支援《しえん》活動はよいことですが、会社の利益《りえき》も考えなければいけません。あのときは、いよいよ会社がダメになるんじゃないかと思いました」

しかし、そんな大変なときにも、神さまが見守っているかのような幸運がありました。

たまたま震災《しんさい》前から取材に来ていたテレビ局が、震災《しんさい》後の秋元さんたちの活動を番組に取り上げ、全国ネットで放映《ほうえい》したのです。そこに映《うつ》っていたのは、混乱状態《こんらんじょうたい》が続く避難所《ひなんじょ》で、パンの缶詰《かんづめ》を配る秋元さんたちの姿《すがた》でした。受け取った女性《じょせい》は、パンをかみしめながら言いました。

「おいしい……。涙《なみだ》が出てくる」

その番組では「今月の支払《しはら》いもきびしい」と志津子《しづこ》さんがため息をつくシーンもありましたが、翌日《よくじつ》から会社の電話がじゃんじゃん鳴り始めました。パンの缶詰《かんづめ》の注文です。それだけでなく「パン・アキモトを通して東北を支援《しえん》したい」と、たくさんの寄付金《きふきん》まで集まってきました。

秋元さんは、多くの人の気持ちを無駄《むだ》にしてはいけないと思いました。集まった寄付金《きふきん》で支援物資《しえんぶっし》を用意し、社員とともに月一回被災地《ひさいち》へ届《とど》ける活動を続けました。震災《しんさい》から六年たった今でも、形を変えながら東北支援《しえん》は続いています。

「ダメな、つぶれそうだった会社が、こうしてなんとか立ち直った。うちの会社は、トラブルや失敗の連続なんです。失敗するたびにやり直し、リベンジしてきた経験《けいけん》で、きたえられてきました。トラブルは神さまの計画かもしれませんね。『秋元、天狗《てんぐ》になるなよ』と言われているような気がします」

秋元さんはそう言って、いたずらっ子のようにわらいました。

ジャムおじさんになろう

「支援《しえん》活動とビジネスは、むかしは別々のものでした」と、秋元さんは言います。

支援《しえん》とは、善意《ぜんい》で行うボランティアのこと。そのため、たとえば被災地《ひさいち》でボランティアをしている人が、ちょっと商売っ気を出すと、「被災地《ひさいち》をくいものにするのか」と言われた時代がありました。

でも今はちがいます。ビジネスをしながら社会貢献《こうけん》をしたり、ビジネスをしながら社会問題を解決《かいけつ》したりすることがふつうの時代になってきました。

ボランティアの場合は、寄付金《きふきん》などの資金《しきん》がなくなれば終わってしまいますが、ビジネスの場合は、もうけながら継続《けいぞく》できることがポイントです。このようなやり方は「ソーシャルビジネス」と呼《よ》ばれ、この十年ほどでかなり広まりました。パン・アキモトのやってきたことは、まさにソーシャルビジネスの先がけだったのです。

「パンの缶詰《かんづめ》で、災害時《さいがいじ》の食の問題を解決《かいけつ》できるようになり、その先に進んで、備蓄《びちく》しながら世界の人を救う救缶鳥《きゅうかんちょう》プロジェクトが生まれ、いろいろな人と協力しながらシステムを作ってきました。

ぼくたちは堂々《どうどう》とこのシステムでビジネスをし、もうけていきたいと考えています。もうからなければ、支援《しえん》の継続《けいぞく》はできないからです。最近ぼくは講演《こうえん》に呼《よ》ばれることも多いのですが、ちゃんと言葉で伝えようと考えているし、講演料《こうえんりょう》や交通費もいただくし、会場でパンの缶詰《かんづめ》も売らせてもらいます。この商売をしっかり見せることが、ソーシャルビジネスを学んでいただくきっかけにもなると思っています」

そんな秋元さんには、ひそかに理想としている存在《そんざい》がいます。やなせたかしさんが描《か》いた、『アンパンマン』に登場するジャムおじさんです。

アンパンマンは、困《こま》っている人やおなかをすかせた人たちに、自分の顔をちぎって差し出します。そのアンパンマンの顔を焼き直し、「おいしくなーれ」と言いながら、毎日心をこめてパンを作っているのがジャムおじさんです。ジャムおじさんは物知りで、科学者みたいなところがあるのも、秋元さんに似《に》ているかもしれません。

「自分たちの持っているもので、世界を助けようというのが救缶鳥《きゅうかんちょう》の原点。日本のやさしさを、世界に届《とど》けるお手伝いができたらいいと思っています。

二十一世紀のいい会社って、どういうものだと思いますか？　収益《しゅうえき》を上げていくことも大事だけれど、それだけじゃない。ぼくは『社会に少しお返しをできる会社』だと思います。企業《きぎょう》によっては税金《ぜいきん》を納《おさ》めることが社会貢献《こうけん》だというかもしれませんが、本業周辺で『見返りを求めない社会活動』を続けることが大事だと思うんですよ」

秋元さんは講演《こうえん》で、中学生や高校生に話をすることも多いそうです。子どもたちを前に、いつも問いかけることがあります。
「何のために生まれてきたの？」
これは、「アンパンマンのマーチ」の歌詞《かし》にもある言葉です。

なんのために　生まれて
なにをして　生きるのか
こたえられないなんて
そんなのは　いやだ！

（「アンパンマンのマーチ」より／作詞 やなせたかし）

「人間って失敗をする生きものです。でも、そこであきらめないということ。自分の夢《ゆめ》やミッションを持っていると、そこに向かって進めるんです。ただ一直線に進めるわけではなく、何度も失敗や挫折《ざせつ》がある。でも、またそこから学べばいいんです。

今は、若《わか》い人の自殺も多く、生きる意味を見つけにくい時代かもしれません。でもぼくらはみんな、選ばれて生まれてきた人間です。何億もの精子《せいし》の中から選ばれた一匹《ぴき》なんですよ。きっと何かのミッションがあって生まれてきたはずです。

だから『自分って何者だろう?』と考える時間を持ってほしいし、『自分は何をして生きるのか』を見つけてほしいんです。ミッションを見つけるために自分の命を大切にしよう。ほかの人のことも大切にしよう。他人のミッションをじゃまするわけにはいかないからね」

ミッション、パッション、アクション

講演《こうえん》のとき、秋元さんはもう一つ必ず話すことがあります。それは「ミッション、パッション、アクション」という言葉です。

ミッションとは、自分の使命や、果たすべき仕事。

パッションとは、情熱《じょうねつ》や、熱中するということ。

アクションとは、行動や活動すること。

「この三つが、人を動かします。ぼくがいつも考えているのは、ミッションを明確《めいかく》にすること。パッションを心に持つこと。そしてどんどんアクションを起こしていくこと。おもしろいのは、アクションを起こせば、必ずリアクション（反応《はんのう》）もあることです。

応援《おうえん》のリアクションもあれば、反対のリアクションも、きっと出てきます。反対が強い場合には、自分たちのアクションがしぼんでしまうこともある。でも、反対意見に対して『自分たちはこうなんだ』と言えるリ・リアクション（つぎの答え）の準備《じゅんび》をしておけばいいんです」

そこが、つぎの行動に進んでいけるかどうかのポイントです。

「リアクションをおそれていたら、どんな小さなアクションも起こせません。たとえば、外国人の旅行者が街の中で困《こま》っているとき、あなたならどうしますか？」と秋元さんが言います。

まよっている様子はちょっと気になるけれど、英語も得意ではないし、自分がしゃしゃり出ていっても役に立たない気がするし……。「気になりながら、結局声をかけないかもしれません」とわたしが答えると、秋元さんはまた言いました。

「英語が話せなくても、声をかけてみればいいんですよ。『えっ、何？』って何度も聞けば、相手は言葉を変えたり、身ぶり手ぶりで伝えてくれます。そうすれば意外に楽しくて、ワクワクする。アクションを起こせば、必ずつぎの何かが起きてくるんです」

やるか、やらないか。声をかけるか、かけないか。その一歩を踏《ふ》み出す勇気が大事なのですね。

また、秋元さんはアメリカで生活したときや、大学時代にアメリカ人宣教《せんきょう》師《し》と親しく付き合ったときには、自分の意見をはっきり言うことを教わったと言います。

「日本の授業《じゅぎょう》では、先生の話をだまって聞いて、先生の言った通りに答えると丸がつきますが、アメリカはちがいました。『きみの意見はどうなの?』と必ず聞かれます。宣教師《せんきょうし》からも『おまえはどう思う?』と、いつも聞かれてきました。

そういう環境《かんきょう》に置かれたことで、ぼくは自分の意見を言えるようになってきた気がします。自分の頭で考えたり、意見を言ったりしていると、たくさんのアイデアがわき、新しい商品や新しいサービスが生まれてくるんですよ。先生の言うことをよく聞く優等生《ゆうとうせい》でいるよりも、ときどき『ノー』と自分の考えを口にしたほうがいいよ」

秋元さんの話を聞きながら、思い出した話があります。ある国の八十代以上のお年寄《としよ》りに聞いた「人生で一番後悔《こうかい》していることは何ですか？」というアンケートです。七十パーセントもの人が「チャレンジしなかったことだ」と答えていました。人生の最終ステージをむかえた多くの人が「思いきって冒険《ぼうけん》すればよかった」「行動すればよかった」と思っているのです。

自分から行動したとき、自分の意見を言えたとき、何かが少し変わります。たとえ失敗したとしても、自分で決めて動き始めることは、必ず自信につながるのだと思います。

秋元さんは、こうも言いました。

「周囲からのリアクションを恐《おそ》れないこと。気楽にやればいいんです」

おじいさんやおばあさんになったとき、後悔《こうかい》しないためにも！

ベトナムにパン屋を開く

二〇一五年（平成27）、パン・アキモトはベトナムの中部にあるダナン市に、日本式のパン屋「ゴチパン」をオープンしました。

創業者《そうぎょうしゃ》の「パンを通して、アジアに日本の技術《ぎじゅつ》と文化を伝えたい」「戦争経験者《けいけんしゃ》としてつぐないをしたい」という二つの夢《ゆめ》が、長い年月を経《へ》て現実《げんじつ》のものとなったのです。

ただし、秋元さんはずっと創業者《そうぎょうしゃ》の夢《ゆめ》の実現《じつげん》を考えていたわけではありません。実際《じっさい》は、この数年の人手不足がきっかけでした。東日本大震災《ひがしにほんだいしんさい》後の復興《ふっこう》や、東京オリンピックに向けた建築《けんちく》ラッシュで、栃木《とちぎ》など北関東の地域《ちいき》では人手不足が深刻《しんこく》になっていました。

働く人がいない。しかも、パン屋は朝が早い。パン・アキモトのパン工場は、出勤《しゅっきん》が午前三時です。募集《ぼしゅう》をしても、なかなか人が集まりません。

そのため、縁《えん》があったベトナムのダナン市から、実習生を受け入れようという話が進みました。しかし、準備《じゅんび》をしているうちに新たな問題にぶつかります。海外からの実習生は勝手に別の会社へ移《うつ》ってしまう人が多いことがわかったのです。彼《かれ》らはお金をかせぎに日本に来るので、少

しでも賃金《ちんぎん》がよいところを見つけると、そちらに行ってしまうのです。

秋元さんは考えました。彼《かれ》らがパン工場でずっと働いてくれるための方法はないだろうか。パスポートを取り上げ、身動きをとれなくすることもできますが、そんな卑怯《ひきょう》なやり方ではなく、もっと前向きな方法で創業者《そうぎょうしゃ》の遺志《いし》を伝えたい。

そう考えていたあるとき、アイデアがうかびました。

「彼《かれ》らに夢《ゆめ》を見てもらおう。それはお金をたくさんあげることではなく、三年間の実習が終わったとき、ためたお金でベトナムでお店が開けるようなモデルを作ろう、と」

調べてみると、ベトナムでは日本円で三百万円あれば、店を開くことができるとわかりました。ベトナムの物価《ぶっか》は、日本の約八分の一。大学を卒業した人の初任給《しょにんきゅう》は三万円あまりで、一家四人が生活するには四万円あれば十分です。

那須《なす》のパン工場での実習生のお給料は、十五～二十万円。住む場所は用意するので、日本の生活にはそれほどお金がかかりません。

毎月家族に仕送りするお金を差し引いても、月に十万円くらい貯金をしてほしい。そうすれば、三年間の実習を終えるころには三百万円がたまります。「パン屋の社長を目指す人を採用《さいよう》します。パン・アキモトで三年間の実習をすれば、ベトナムに帰って店が開けますよ。夢《ゆめ》の実現《じつげん》に向けて、三年間がんばろう」という条件《じょうけん》で、ベトナムの人を三人採用《さいよう》しました。

その夢《ゆめ》を実現《じつげん》するために作ったモデル店が、「ゴチパン」です。日本のパンのおいしさを、世界に発信するパン・アキモトの海外第一号店になりました。

それまで、ベトナムにはおいしいパン屋がないと言われていました。ベトナムは、かつてフランス領《りょう》だったため、バインミーというフランスパンに具材をはさんだサンドイッチが有名ですが、パンそのものの味は今ひとつなのです。ベトナムは元々お米の国で、小麦は輸入品《ゆにゅうひん》です。経済的《けいざいてき》に貧《まず》しい国なので、品質《ひんしつ》の高い小麦が買えないことも原因《げんいん》のひとつでしょう。

そんな環境《かんきょう》でゴチパンをオープンするのですから、地元の人たちからどう評価《ひょうか》されるのか、社員みんなで心配していました。しかし開いてみると、ベトナム人だけでなく、ベトナムに住む日本人や海外の旅行者たちからも、とても人気の高い店になりました。

このプロジェクトは、最初は秋元さんが中心となって進んでいましたが、将来《しょうらい》も長く続けたい仕事なので、つぎの世代へとバトンタッチ。今は、秋元さんの次男輝彦《てるひこ》さんが、ベトナムの人たちといっしょに責任《せきにん》を持って進めています。

那須《なす》のパン工場では、今もベトナムの実習生を三人受け入れています。彼《かれ》らが卒業すれば、ベトナムの店はその人たちの受け皿にもなるでしょう。卒業したら新しい店を開いてもいいし、ゴチパンでいっしょに働いてもいい。

実習生の選択《せんたく》は自由です。

「ベトナムでは、現地《げんち》の人との連携《れんけい》も着々と進み、ベーカリーレストランを展開《てんかい》したいという新たな夢《ゆめ》も生まれたようです。あとは、若《わか》い人たちががんばってくれるでしょう」

夢《ゆめ》を持ち、具体的にえがけば、一つひとつ実現《じつげん》していく。秋元さんの哲学《てつがく》は、ベトナムでも広がりつつあります。

海外１号店の「ゴチパン」（ベトナム・ダナン市）

片目《かため》で地元を、片目《かため》で世界を見る

二十年前、パンの缶詰《かんづめ》を完成させたとき、秋元さんは日本だけでなく、アメリカ、台湾《たいわん》、中国でも特許《とっきょ》を取得しました。将来《しょうらい》、世界の市場でパンの缶《かん》詰《づめ》を販売《はんばい》したいと考えていたからです。中でもアメリカ進出は、秋元さんの大きな夢《ゆめ》でした。

「ふり返ってみると、沖縄《おきなわ》の米軍基地《きち》での販売《はんばい》や、NASA《ナサ》を通して宇宙《うちゅう》へ行ったことも、アメリカに進出する準備《じゅんび》だったのかもしれません」と秋元さんは言います。

今、アメリカでパンの缶詰《かんづめ》を作る計画が進みつつあります。アメリカでの事業を担当《たんとう》するのは、長男の信彦《のぶひこ》さんです。

「海外での仕事は、将来《しょうらい》のある息子たちが責任《せきにん》を持って進めています。アメリカは長男、ベトナムは次男。多少時間がかかっても、すぐにうまくいかなくても、模索《もさく》しながらやってくれるでしょう」

夢《ゆめ》に向かってまた一歩、踏《ふ》み出しました。

パン・アキモトの那須《なす》工場では、今日もたくさんのパンの缶詰《かんづめ》が焼き上がっています。

ふつうのパン屋は、田舎《いなか》であれば半径十キロメートルくらいが、お客さんのエリア。都会なら半径五キロメートルくらいと言われています。パンは毎日食べるものなので、消費者は身近なお店で買っていきます。

一方、パンの缶詰《かんづめ》は身近なお客さんにだけ売るものではありません。今は日本全国で販売《はんばい》されており、ゆくゆくは世界にも広がっていく可能性《かのうせい》を秘《ひ》めています。また、ふつうの人が宇宙《うちゅう》を旅する時代になれば、たくさんの缶詰《かんづめ》が宇宙《うちゅう》へ運ばれる日が来るかもしれません。

「だからぼくは『片目《かため》で地元を見て、片目《かため》で世界を見据《みす》える企業《きぎょう》になりたい』と、社員にも言っています。今は、その夢《ゆめ》が実現《じつげん》しつつあるところ。

夢《ゆめ》はだれでもえがくことができます。でも、実現《じつげん》するためには、なるべく具体的にえがかなきゃいけない。そのためには期限《きげん》を決めることも大切です。夢《ゆめ》の内容《ないよう》を紙に書いて財布《さいふ》の中にでも入れておけば、開くたびに目に入ってがんばろうという気になる。夢《ゆめ》というのは、ぼんやりえがいているだけでは、『まあいいか』で終わってしまうんですよ」

そこで秋元さんは、毎年一月になると、社員全員約六十人に今年の夢《ゆめ》を書いてもらい、あずかるようにしています。

「縁《えん》があってここでいっしょに働いているのだから、職《しょく》人《にん》にはいいパンを作ってほしいし、店員にはいいサービスをしてほしい。お金をかせぐだけじゃなく、プラスα《アルファ》の夢《ゆめ》がだれにでもあるはずだから、それに向かっていってほしい。多少つらいことがあっても、夢《ゆめ》があれば、がんばれると思うんです」

パンの缶詰《かんづめ》工場のとなりの敷地《しきち》には、パン・アキモトが経営《けいえい》する町のパン屋「きらむぎ」が建っています。ここでは、食パンやフランスパンをはじめ、コロッケパンやサンドイッチなどの惣菜《そうざい》パン、メロンパンやあんパンなどの菓子《かし》パンなど、常時《じょうじ》百数十種類のパンが売られていて、お店の中にはイートインコーナーもあります。

最近「きらむぎ」では、ふつうにパンを売るだけでは

なく、お客さんの声を聞いたり情報《じょうほう》発信をする中から、新しい商品が生まれています。たとえば、糖尿病《とうにょうびょう》や食事制限《せいげん》中の人でもおいしく食べられる「コントロールブラン」や、たまご、牛乳《ぎゅうにゅう》、大豆などを使わない「アレルギー対《たい》応《おう》」のパン。

これらは医師《いし》や栄養士の先生に勉強会を開いてもらいながら、必要としている人に届《とど》ける取り組みです。パン・アキモトの夢《ゆめ》のひとつ、ミッションのひとつが実現《じつげん》したものと言えるでしょう。

創業者《そうぎょうしゃ》の健二さんは「日本の文化をアジアに伝えたい」「アジアの人たちにつぐないをしたい」という夢《ゆめ》を持ち、那須《なす》にパン屋を作りました。秋元さんはその夢《ゆめ》を引きつぎ、アジアだけでなく世界各地にパンを届《とど》けるようになりました。

小さな夢《ゆめ》も、大きな夢《ゆめ》も、具体的にえがいて行動する。パン工場の職人《しょくにん》さんや、きらむぎで働く店員さんの明るい笑顔を見ていると、夢《ゆめ》を力に変えていく秋元さんの姿《すがた》が、社員一人ひとりにも大きな影響《えいきょう》をあたえていることを感じます。

秋元義彦さん

おわりに

パン・アキモトの本社入口の壁《かべ》には、会社で働く一人ひとりの顔写真をはったボードがかけられています。

社長の秋元さんを筆頭に、ベトナムの実習生まで六十人あまり。部署《ぶしょ》ごとにならんでいるその写真は、よく見るとほがらかな笑顔が目立ちます。パンの缶詰《かんづめ》を持って、胸《むね》を張《は》っている人もいます。こんな笑顔の人たちが作っているパンなら、きっとおいしいに違《ちが》いない！　外からやって来たわたしは、そう感じます。

働く人にしてみれば、毎日笑ってばかりいられないこともあるでしょう。それでも、ここに立って仲間の写真を見れば、「今日もがんばろう」と思えるのではないでしょうか。

秋元さんがパンの缶詰《かんづめ》を作ったのは、被災地《ひさいち》からの声に耳を傾《かたむ》けたからでした。その缶詰《かんづめ》が世界にはばたく「救缶鳥《きゅうかんちょう》」へと発展《はってん》したのは、賞味期限《きげん》をすぎて捨《す》てられてしまうことへの疑問《ぎもん》や違和感《いわかん》からでした。最近作ったコントロールブランやアレルギー対応《たいおう》のパンは、困《こま》っている人の声にこたえて生まれたものです。

秋元さんの話を聞いていると、おもしろいことやおもしろい仕事は、案外身近なところにヒントが転がっているものだなと思います。毎日がおもしろくないという人は、そのヒントに気づかなかったり、見逃《みのが》してしまったりしているだけかもしれません。

だれかの「困《こま》ったな」や「こんなものがほしい」という意見をすくうところから、物作りは始まります。パンの缶詰《かんづめ》だけではありません。わたしたちがあたりまえに使っている物の多くに、同じような物語があることを感じてもらえたらと思います。

ここで働く人たちは、目の前にいる人の困《こま》った様子や、小さな疑問《ぎもん》や、違《い》和感《わかん》を見すごしませんでした。本気で受け止め行動したから、魅力的《みりょくてき》な商品ができ上がったのです。作ったものが喜ばれ、たくさん売れて人の役に立つことができれば、働く人の喜びも増《ま》していきます。みんなが幸せになれるのです。

もう一つ、秋元さんに教わった大切なことは、仕事を通した社会貢献《こうけん》でした。お金を得るためだけに働くのでなく、もうけながら社会のためになること、困《こま》っている人のためにできることを考える。これは、わたしにとっても大きな課題です。

かんたんではないけれど、常《つね》にその思いを持ち続けていれば、身近なところに落ちているヒントにも気づきやすくなるでしょう。

これからみなさんは、新しいものや刺激的《しげきてき》なもの、興味《きょうみ》をひかれるもののど、たくさんの出会いがあるはずです。その中で、どんな仕事を選ぶかはあなた次第。わずかでも社会のためにという気持ちを忘《わす》れず、自分の仕事や活動に生かしていけたら、きっとその先にまた、だれかの笑顔が待っています。

本の制作《せいさく》にあたり、秋元義彦《あきもとよしひこ》さんをはじめパン・アキモトのみなさまにはたくさんのご協力をいただきました。また、すてきなイラストを仕上げてくださったやましたこうへいさん、編集《へんしゅう》の関谷由子《せきやゆうこ》さん、関わってくださったみなさまに心から感謝《かんしゃ》申し上げます。

二〇一七年九月

菅《すが》 聖子《せいこ》

菅 聖子（すが せいこ）

1965年生まれ。自由学園卒業。出版社勤務を経てフリー編集者、ライターとして活躍中。

著作に『シゲコ！—ヒロシマから海をわたって』（偕成社）、

「むのたけじ 100歳のジャーナリストからきみへ」シリーズ（汐文社）、

『一澤信三郎帆布物語』（朝日新書）などがある。

本書で、第65回産経児童出版文化賞ニッポン放送賞受賞。

やましたこうへい

1971年生まれ。大阪芸術大学美術学科卒業。グラフィックデザイナー、絵本作家。
絵本に『さがそう！ マイゴノビートル』（偕成社）、
共作に「ばななせんせい」シリーズ（得田之久／ぶん、童心社）、
読み物「ファーブル先生の昆虫教室」シリーズ（奥本大三郎／文、ポプラ社）などがある。

●写真
P.13 CNP／時事通信フォト　P.105 金城学院中学校　(株)パン・アキモト

●JASRAC出　1710687-701

●スワジランドは、2018年4月19日より国名をエスワティニに変更しました。

世界を救うパンの缶詰

菅 聖子／文　やましたこうへい／絵

2017年10月28日　第1刷発行
2024年8月9日　第7刷発行

発行者…中村宏平
発行所…株式会社ほるぷ出版
〒102-0073　東京都千代田区九段北1-15-15
TEL 03-6261-6691　FAX 03-6261-6692
https://www.holp-pub.co.jp

装丁・本文デザイン…タカハシデザイン室

印刷…株式会社シナノ
製本…株式会社ブックアート

NDC916 / 155P / 198×147mm　ISBN978-4-593-53523-1